中国特色文化名县丛书

师守祥 主编

河南蒙古族自治县

|主　编| 韩　华

|副主编| 唐建隆　潘　英

|编　委| 土默特·巴特尔　斗格杰　马戈亮

经济管理出版社
ECONOMY & MANAGEMENT PUBLISHING HOUSE

图书在版编目（CIP）数据

中国特色文化名县. 河南蒙古族自治县 / 韩华主编—
北京：经济管理出版社，2017.5
ISBN 978-7-5096-5184-1

Ⅰ．①中… Ⅱ．②韩… Ⅲ．①河南蒙古族自治县—概
况 Ⅳ．①K92

中国版本图书馆CIP数据核字(2017)年第135885号

组稿编辑：杨　雪
责任编辑：杨　雪
责任校对：雨　千
责任印制：黄章平

出版发行：经济管理出版社
（北京市海淀区北蜂窝8号中雅大厦A座11层100038）
网址：www.E-mp.com.cn
电话：（010）51915602
印刷：北京玺诚印务有限公司
经销：新华书店
开本：880mm×1230mm 1/16
印张：8.75
字数：177千字
版次：2017年7月第1版　2017年7月第1次印刷
书号：ISBN 978-7-5096-5184-1
定价：88.00元

目录
Contents

河南蒙古族自治县

P72

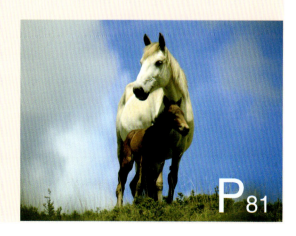

P81

1 地理区位

青海的风吹起甘肃的格桑花瓣

四川的一头羚羊

凝望着在草丛中行走的红衣喇嘛

一头牦牛消失在边界地带

地理位置

　　青海省河南蒙古族自治县（以下简称河南县）位于青藏高原东部、青海省东南部。地理位置西倚青藏，东襟甘陇，北通宁海，南望川康，是青海、甘肃、四川三省津要之所在。

河南县宏观区位

周边近邻

河南县东临甘肃省甘南藏族自治州夏河县、碌曲县，南临甘南藏族自治州玛曲县，西北与青海省果洛藏族自治州玛沁县和海南藏族自治州同德县毗连，北与黄南藏族自治州泽库县为邻。地理坐标为东经100°53'25''~102°15'27''，北纬34°04'52''~34°55'36''。县域东西长127.67千米，南北宽94.36千米，土地总面积6997.45平方千米。县城优干宁镇位于县境北部优干宁滩，北距黄南藏族自治州首府隆务镇137千米，距省会西宁市328千米。

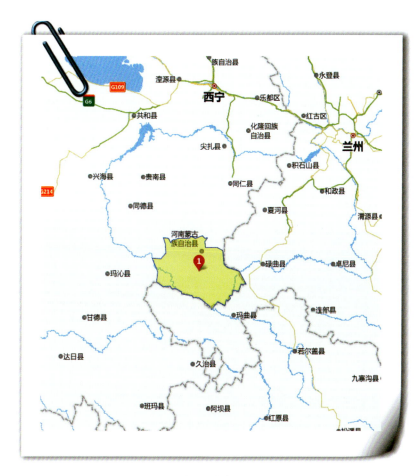

河南县周边市县

名称与方位

"九曲黄河第一湾"示意图

河南蒙古族自治县因位于黄河之南蒙古族驻牧区而得名。

蒙古族是青海世居少数民族之一。约在13世纪20年代进入青海，曾经统治整个青藏高原，建立过强大的地方政权。17世纪末，青海蒙古族成为清朝的藩属，清政府完全控制了青海全境。1725年，清朝把青海蒙古族地域划编为29旗，黄河南部河曲地区驻牧4旗，由和硕特前首旗即后来的"亲王旗"统领（"旗"，在清朝指军队的户口编制单位，又泛指与满族有关的）。青海蒙古族人主要活动在青海湖周边、柴达木盆地、黄河南北地区，位于现黄南藏族自治州的河南县因在青海省黄河的南部地区，俗称"河南蒙旗"。河南县地域远离省级政权中心，又处于甘青交界地带，历史上县名、管辖地域及统属变化十分频繁。1954年10月16日河南县建政，成立河南蒙古族自治区人民政府（县级）。1964年10月，经国务院批准，称"河南蒙古族自治县"（"旗"作为县级行政单位只在内蒙古自治区使用）。

有的文献中称河南县位于九曲黄河第一弯曲，《河南县志》（甘肃人民出版社，1996年版）对"第一弯曲"的说法是"九曲黄河自东折西再而向东的第一右旋弯曲部的弦部南端"，这是个十分绕口的表述，而且不准确。黄河第一右旋弯曲其实是第二个大的弯曲了，这与"第一弯"的描述有矛盾。"九曲黄河第一湾"通常是指围绕阿尼玛卿山的180度折弯，顶点在四川若尔盖县唐克。

"九曲黄河第一湾"涉及青海、甘肃、四川三省三县，各县与"九曲黄河第一湾"的区位关系相对准确的描述应该是：青海省河南县位于黄河第一湾的背部，甘肃玛曲县位于第一湾的腹部，四川若尔盖县则位于第一湾的顶部。

资料1.1 "九曲黄河第一湾"与旅游品牌塑造

　　藏族人民结合黄河上游的地形、景观等，将上游诸河段取了更有特色的名称，如卡日曲、约古宗列曲、扎曲、星宿海、玛曲、析（赐）支、河曲等。藏语称"河"为"曲"。　俗语说："天下黄河九曲十八湾"，这"九曲"就是唐时对贵德以上黄河段的称呼。

　　黄河从巴颜喀拉山发源，一路浩浩荡荡东下，在青藏高原东部边缘受阿尼玛卿山和西倾山的阻挡，突然拐弯西流，形成了一个长达433千米的"九曲黄河第一湾"，甘肃玛曲县就被这第一湾所环抱，称为"黄河首曲"。黄河首曲由于地势平坦而流速缓慢，因河水宣泄不畅，形成很多的汊河和沼泽，杂灌丛生。玛曲县设有"黄河首曲"国家级自然保护区，在打造"天下黄河第一湾"旅游品牌；四川若尔盖县在第一湾的顶部，也在打造"黄河九曲第一湾"旅游品牌；河南县也在做"九曲黄河第一湾"的文章（三县的文字表述略有区别，玛曲是"天下黄河"、若尔盖是"黄河九曲"、河南县是"九曲黄河"，不知是无心之别还是有意为之？此外，用"湾"还是"弯"也需考量）。

　　"万涓成水汇大川，千转百回出险滩。滔滔长流济斯民，力发黄河第一湾。"黄河在河曲之地不同于中下游，风姿绰约，款款而来，蜿蜒而去，似哈达，似玉带，似长龙，似飞天飘带，从天之尽头飘然而来。

2 洮河源生态文化

洮河出，源在雪山巅。

草地绵绵宜牧马，冰峰皑皑可登天。海子水蓝蓝。

洮河美，最爱草原宽。

千里无尘花满地，万沟流水鸟徊旋。放牧白云边。

洮河水，曲折绕群山。

直下西倾千百里，势如蛟龙归沧海，不肯再回还。

洮河美，最美夏秋间。

绿树丛丛映碧水，队队野鸭掠河面，野花开满山。

汇流成瀑（青海洮河源国家湿地公园　供图）

洮河是黄河上游第二大支流，发源于青海省河南蒙古族自治县西倾山，曲折东流入甘肃境内，流经碌曲、临潭、卓尼、岷县、临洮，于永靖县注入黄河刘家峡水库。洮河流域面积2.55万平方千米，干流长673千米，为甘肃中部干旱地区提供了极其宝贵的水资源。

洮河源跨区域生态经济影响

洮河以青海河南县境内河段为源区，流程约84千米，平均径流总量40533立方米。洮河源区的生态影响不仅在河南县境内，更在甘肃省境内。在甘肃，不仅局限于洮河流域6县，而是扩展到更大、更广的范围，关系到甘南草原、陇中干旱区的可持续发展。

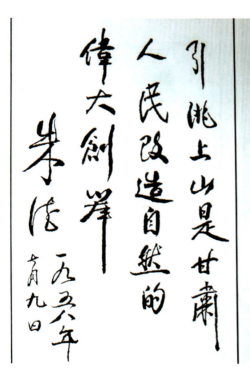

国家领导人朱德为"引洮工程"题的词

为甘肃中部干旱地区提供生产、生活用水保障

洮河水资源利用的最大特点是跨流域性，上游流经草原牧区，补给多，利用少；中下游流经黄土丘陵区，利用有限；最大的收益区域在流域外。甘肃省为解决其中部干旱地区人畜饮水困难，历经半个多世纪建成了跨流域调水的"引洮工程"。该工程受益区涉及5市11县154个乡镇，总面积近2万平方千米，受益总人口330多万人。洮河河南县境内的水资源补给，对于甘肃中部干旱地区人民群众的生产、生活保障具有不可替代的战略地位。一旦河南县的草原生态遭受破坏，补水量下降，甘肃中部数百万人和千万头牲畜的饮水就会出现困难。

甘肃南部地区的生态基础

受全球气候变暖、降雨减少等自然因素和人口增加、草地超载过牧等人为因素影响，从20世纪90年代起，甘南藏族自治州草原生态环境日益恶化，天然草地大面积退化，河流湿地也大面积萎缩。为此，国家启动了"黄河源生态保护工程"，这对甘南草原的保护和生态建设起到了至关重要的作用。洮河是甘南生态的基础，由于流域生态系统的连贯性、一体性，若源区河南县的生态遭受破坏，甘南草原保护就缺乏坚实的基础。

河南县洮河源区属草甸草原生态，由于植被土层厚度比较小，容易发生土壤流失，生态系统非常脆弱，受到破坏后很难恢复，因此，加强洮河源区湿地草原保护与建设刻不容缓。

保障洮河干流及黄河甘肃段水利工程运行

从工程保护方面来讲，一旦上游水土流失加剧，河流含沙量增加，包括黄河刘家峡水库，洮河九巅峡水库，干流数十座水电站，临洮、岷县灌区在内的中下游的水利设施都会受影响。

洮河源区河段，藏语称"碌曲"，相传在洮河的发源地有108眼清泉。泉水溢而漫流，流而成溪，溪汇成河，清澈碧绿的洮河在李恰如山山谷中汹涌奔腾，在穿过虎头峰、狮头峰、熊头峰三峰鼎立的峡谷时，有的地方水流仅有

百泉汇集（青海洮河源国家湿地公园　供图）

二三米宽，水流湍急，两岸山峰耸立，许多具有高原特色的生物物种在这里生长繁衍，随处可见。洮河水质优良，偏碱性，冬季不结冰，为河南县境内唯一的不冻河。

洮河源土地肥沃，水草丰茂，几千年来少数民族世居于此，以游牧为业，繁衍生息，为开发边疆做出了贡献；洮河源也是从西汉以来历代建城戍边之重地，为维护地方安定发挥了重要作用。

河流湿地（青海洮河源国家湿地公园　供图）

青海洮河源国家湿地公园建设

　　青海洮河源国家湿地公园（以下简称湿地公园）位于河南县赛尔龙乡中部，规划面积383.93平方千米，湿地面积为138.20平方千米。湿地公园是青藏高原高寒湿地生态系统的典型代表，具备湿地、森林和草原三大生态系统，其特殊的生态、生物多样性景观，具有宝贵的研究价值，是开展科研教学的天然基地。公园内野生动植物资源丰富，拥有高等植物324种，野生动物191种，其中有国家一级保护野生动物雪豹、黑颈鹤、金雕，有国家二级保护野生动物大天鹅、鸢、雀鹰等11种。

草甸湿地（土默特·巴特尔　供图）

湖泊湿地（青海洮河源国家湿地公园　供图）

沼泽湿地（青海洮河源国家湿地公园　供图）

根据国家林业局批复，青海洮河源国家湿地公园建设期限为7年（2014~2020年），将以湿地保护为主，恢复湿地公园的植被，保护洮河、泽曲河良好的水质。适度开展具有青海特色的湿地生态旅游活动，将湿地公园建设成为布局合理、基础设施完备、整体形象突出、科普教育与休闲娱乐兼备、生态文化特色浓郁的国家湿地公园，使之成为"保护—利用—提高"湿地资源的建设典范。

这一地区是藏文化三大区域之一的安多文化区重要组成部分，同时是青海省唯一的蒙古族自治县。园内厚重的人文历史景观是学习、体验西部人文历史文化变迁的理想场所，历史名山西倾山重要支脉李恰如山横亘全境，喇嘛黄教达参寺就坐落在公园东部。

湿地公园距县城40千米，河（河南）碌（碌曲）公路从其中经过。便利的交通有利于环境保护和生态旅游开发。

青海洮河源国家湿地公园总体规划

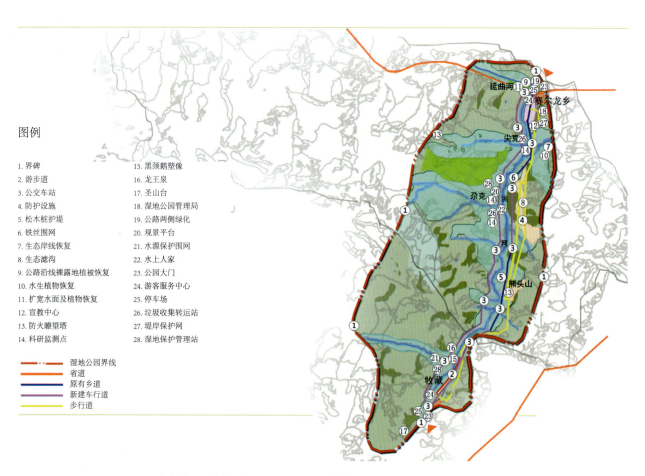

图例

1. 界碑
2. 游步道
3. 公交车站
4. 防护设施
5. 松木桩护堤
6. 铁丝围网
7. 生态岸线恢复
8. 生态滤沟
9. 公路沿线裸露地植被恢复
10. 水生植物恢复
11. 扩宽水面及植物恢复
12. 宣教中心
13. 防火瞭望塔
14. 科研监测点
15. 黑颈鹤塑像
16. 龙王泉
17. 圣山台
18. 湿地公园管理局
19. 公路两侧绿化
20. 观景平台
21. 水源保护围网
22. 水上人家
23. 公园大门
24. 游客服务中心
25. 停车场
26. 垃圾收集转运站
27. 堤岸保护网
28. 湿地保护管理站

—··— 湿地公园界线
——— 省道
——— 原有乡道
——— 新建车行道
——— 步行道

青海洮河源国家湿地公园总体规划图（青海洮河源国家湿地公园　供图）

信教群众转佛塔

洮河源国家湿地公园建设指导（青海洮河源国家湿地公园　供图）

浓郁的宗教文化

西倾山

洮河文化

洮河流域是中国西部文化的发祥地，瑰丽丰富的民俗文化、宗教文化、历代杰出人物与洮河两岸的秀美山川、丰饶物产一起，共同构建起了凝重、厚实的洮河文化。农耕文化与草原游牧文化、中原文化与西域文化交融而形成的洮河文化，具有鲜明的地域特色（河曲高原和陇西黄土高原），体现出蕃汉交融、文武相济的格局。洮河文化是特殊地缘和人文历史的产物，是内地华夏文明与西北狄羌文明相互矛盾冲撞又相互交流融合的结晶。

洮河文化的经济开发已有一定的基础，以"洮河源"注册的公司经营范围就涉及农牧业、工艺品、纯净水、商贸、餐饮等，并扩展到流域外，兰州、新疆、北京都有含"洮河源"的商号，譬如北京洮河源餐饮管理有限公司等。

洮河（源）文化在文学艺术领域也有一定成果，有刊物、著作、绘画等形式。

洮河源名山大川

◆ 历史名山——西倾山

西倾山为我国西部历史名山，在历史文献中早有记载，《山海经》云：桓水（白龙江）、洮水皆出于此山。该山又叫合山，山下有大河名川（即洮水），藏语称"碌曲"。西倾山在我国历史文献中有多个名称，《汉书·地理志》称作

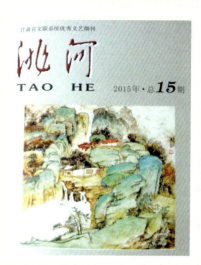

洮河主题文学刊物

"西顷"，《北史·吐谷浑传》称作"西疆"，《蒙古游牧记》称作"达尔济岭"，今河南县称作"阿米莫尔藏"。

西倾山属甘青界山，洮河、大夏河发源于此，流向各异，辐射面广，东南西北，纳诸流而汇江河，水源充足。西倾山远眺，可见奇石参天，白雪皑皑，弥弥苍苍。时而白云蓊郁四起，半壁皆素，时而云收雾散，全貌毕露。千变万化，神不可测。近观洮水水清流碧，击石成珠，煞是可爱，那翠山耐寒的苏噜和灌木丛，各具芬芳，自居风韵，隽美不凡。

世代生活在西倾山下的蒙藏族全民信佛，以佛喻山。蒙古、藏混合语义为"西面的大鹏山"。大鹏即雄鹰，中国北部游牧民族对鹰的崇拜无以复加，蒙古族将最剽悍的骑手称为"草原雄鹰"。

藏族称鹰为"神鹰"，西藏东南地区色迦更钦寺每年藏历4月13～15日要举行一个传统的节日——"泊尔"节，意为"拜鹰"节。每年节日期间，昌都、前后藏地区以及四川、青海、甘肃等藏区的信徒要前往色迦更钦寺朝拜"神鹰"，围绕神山转经。

甘肃甘南对西倾山的宣传很多，中央电视台《远方的家》还做过一期专题节目。青海省、河南县以往做的工作不多，很多人误以为西倾山只在甘南，同样误以为洮河发源于甘南。

《甘南地理志》记载：西倾山从青海省河南蒙旗县境内的赛日登（海拔4308米）、支隆（4338米）两峰起，向东延伸，到甘南境内的碌曲县为"碌恰布惹"山，与赛曲合（4339米）、

李恰如山·天池（土默特·巴特尔　供图）

准格直哈拉（4246米）、准柯（3908米）等构成山弦，绵延起伏横亘于西南面。现代地图上标为"西倾山"的主峰，位于洮河源头之南，在碌曲与玛曲两县交界之处。

《河南县志》记载：西倾山属昆仑山系东段南支余脉，秦岭山脉之西端，起于县东南部柯生乡莫尔藏阿米山（"莫尔藏阿米"为蒙藏混合语，"莫尔藏"为蒙语，意为"秃顶山"，"阿米"为藏语，意为"老爷"），主峰海拔4539米，是洮河与白龙江的分水岭（编者注：洮河属黄河一级支流，白龙江为长江二级支流，故亦为黄河与长江之分水岭）。

同一个地理事物在不同的地方志中描述不一是很正常的，位置偏远的西倾山更是如此。

◆ 洮河正源——李恰如山

李恰如山在河南县县城东部约55千米处。很多人想当然地认为李恰如山是因历史名人得名的，因为它太像一个汉语人名了。其实"李恰如"为蒙藏混合语，"李"为藏语，意为"龙"、"龙主"、"龙女"、"龙宫"；"恰如"为蒙语，意为"酥油桶"，该处指"石柱"、"白玉柱子"(柱子状如桶而引申)，故该山可意译为"龙宫玉柱山"或"龙女玉宇峰"。

李恰如山是西倾山山脉的一大支脉，海拔4383米，黄河一级支流洮河便发源于此。这里山峰耸立，许多具有高原特色的生物物种在此生长繁衍。李恰如山既是科考、野营、登山的重要场所，又是旅游观光、避暑度假的理想胜地。景区中的李恰如天池坐落于石山环绕之中，群众称为"鸥达哇"，传说是十二龙女沐浴嬉戏的金汤池。天池周围群峰环绕，有一壑可通。池面约1500平方米，池水清澈碧绿，山影倒悬，鲜花簇拥，珍禽戏水，情趣盎然，宛如仙境。每年有大量的白鹤、鹭鸶等珍禽来这里栖息。每年夏季，草原牧民常到这里露营野餐，给仙境增添了人间烟火，更显得生机勃勃。

李恰如山瀑布（土默特·巴特尔　供图）

国画（《塞下曲》配图）

洮河文化之人杰

　　洮河文化有深厚的历史积淀。从远古走来，洮河是一条富有传奇色彩的河流。来自河南草原、西倾山的洮河水，养育出无数文臣武将，滋润了无数娇艳绝代的洮河美女。"闭月佳人貌若仙，天香美誉数貂蝉"。貂蝉不仅是"中国四大美人"之首，更是出生在洮河岸畔风流千古的女中英杰，她的芳名，伴随着洮河的欢歌散发着亘古不绝的馨香，她的故事在中国家喻户晓。

洮河文化之边塞诗

　　洮河是一条人马欢腾的河流，也是一条被鲜血浸染过的河流。洮河被誉为飘荡着边塞诗的河流，高适、岑参、王昌龄……在众多诗人笔下，它被笼上了一层层悲壮色彩。"饮马渡洮水，水寒风似刀"（《塞下曲》）。"前军夜战洮河北，已报生擒吐谷浑"（《从军行》）。在唐朝诗人王昌龄的诗词中，洮河是生死相搏的战场。

洮河源故道文化

洮河上游的河南蒙旗地域，古称析支河曲地，正处青甘川三省交汇处，很早以前就是丝路南道、甘川、青川、陇藏交通故道的必经之地之一，从秦汉的白兰故道，唐代的黄河九曲道，晋代的丝绸之路河南道，一直到清代的松潘河源道、松潘茶卡商道，历尽两千年，商旅不绝，成为内地汉民族与西部，特别是青藏高原各民族文化交流的通道，形成独特的文化，需要进一步发现、挖掘。

丝绸之路河南道与河南通衢示意图

白兰故道

白兰故道，通向党项羌人故居地，又称党项古道，析支河曲地自古产良马，历代中原商贾来此进行茶马贸易者众多。线路基本上是东起长安，经武州（今武都）西行，沿岷江、洮河而上，经现在的河南、泽库、同德、兴海与唐蕃古道交汇。

丝绸之路河南道（吐谷浑道）

丝绸之路河南道是丝绸之路的一支，因其沿线主要经过东晋南北朝时期的吐谷浑河南国而得名(今河南县区域)。该道的起点是益州（成都），终点是西域和漠北。丝绸之路河南道贯通了四川、青海，连接了甘肃甘南、河（州）洮（州）地区，成为连接沙漠丝绸之路和南方丝绸之路及唐蕃古道的关键通道。在连通河西走廊与四川的

新中国成立前的牦牛驮队

商路上，形成了"北有张掖、南有河南"的商贸通衢重镇。

丝绸之路河南道兴盛于公元4~6世纪，是沟通南朝和西域间的重要通道。东晋、南朝、前凉、吐谷浑、柔然、丁零、突厥、铁勒，以及西域、中亚和西亚的许多古代国家的旅行者都曾行经丝绸之路河南道。

松潘茶卡商道

松潘茶卡商道是清代开辟的由松潘至茶卡的茶盐商道。该商道沿洮河入河南境内，经过赛尔龙、优干宁，于泽库乎、和日西去茶卡。松潘茶卡商道上的驮队非常庞大，驮牛可达3000头。河南蒙旗也有一个以王府为主的驮牛约七八百头的商队，往返在松潘茶卡商道。这条故道是河南境内线路最长的商道，直至新中国成立还很繁忙兴旺。

松潘河源道

松潘河源道为清代所开，由松潘经察罕拜胜（今县城东南约25千米参美河两源相汇处）至西宁，再沿进藏官道至拉萨。

此外，还有从河洲（今甘肃临夏），经河南县代富桑滩至果洛入藏的河洲果洛西藏道等古道及河南县至夏河、同仁、贵德、同德、贵南等的近十条驮道。

3 生态文化与生态文明建设

夏季草原，繁花似锦（土默特·巴特尔　供图）

建设生态文明是关系人民福祉、关乎民族未来的大计，是实现中华民族伟大复兴的"中国梦"的重要内容。习近平总书记提出"绿水青山就是金山银山"的科学论断，并在中共十八大中把生态文明纳入"五位一体"战略布局。

格桑花（青海洮河源国家湿地公园　供图）

金露梅（青海洮河源国家湿地公园　供图）

青海最美草原

河南蒙古族自治县拥有近千万亩可利用草场，古有"香汤沐浴地"之美誉，优良草场连片分布，是全省乃至全国生态保护最好的优良牧场之一。河南蒙旗草原属典型的草甸型草场，其中山地草甸占比最大，灌丛、高寒、沮洳、疏林类皆有，有"亚洲最好，青海最美"之誉。

草原上有名山列布，西倾山为历史名山，吉岗山、李恰如山风景秀丽。山间大河奔流，浩浩荡荡。黄河的支流泽曲、洮河源远流长。山河间围成夏拉、柯生玛尼、代富桑、克其赫、唐加果、尕格日、优干宁等大小不一的30多个滩地，一望无际，水草丰美。其中代富桑滩面积最大，达136平方千米，为洮河发源地，该滩地势平坦，牧草丰茂，水源充足，草质优良，属于四季型优良牧场。

河南蒙旗大草原（简称河南草原），夏季是山花的海洋，绿草的世界。蓝天、白云、草地勾画出如诗如画的草原风光。

草原花海，自觉遵守着亘古不变的自然法则，每一种花在属于自己的"花期"肆意绽放、艳丽夺目，迅速完成种子繁殖之后毅然谢幕，把有限的时空让给其他的植物花开花落。正因有了这种遵从，每位到草原的访客感觉同一片草原来时黄花开，去时蓝花谢。

河南草原每到7月中旬，整个滩上遍开整齐而又平展的金莲花，策马滩上，马蹄下迸出一抹金灿灿的花尘。到8月金莲花悄然隐退，代之以天蓝色的龙胆花，整个花滩一片蔚蓝，滩接天际，天地一色。再往后，周围高山之巅已是白雪皑皑，山间滩地却换之以斑斑点点的毛茛花。

有草原就必然有牧人，有羊群、牛群。浮云般的羊群，黑油油的牦牛，星星点点地徜徉在青草和野花丛中。不时有穿着蒙藏袍子的牧民骑着骏马悠然地在草原上缓缓而行。白云深处蒙古包如莲花般散落……

6~9月是大草原最好的放牧季节。天高气爽，日出晨曦，帐篷点点，炊烟缭绕，牛羊漫野，牧歌悠悠，风情醉人。

很多人赞美夏天碧绿的草场，却忽略了冬季草原的殷实金黄之美。"风吹草低见牛羊"、鸿雁南飞的意境只有在秋冬才能领略。

杜鹃（青海洮河源国家湿地公园 供图）

白杜鹃（青海洮河源国家湿地公园 供图）

放牧牦牛

金色草原

冬季牧羊

蒙古族传统的草原保护文化

蒙古族草原生态保护的内容很丰富，从远古时的习惯法到蒙古汗国以后的成文法，都不同程度地反映着这一内容。主要包括倒场轮牧、禁止草原荒火和破坏草场、禁止污染水资源和保护森林资源、季节性围猎和保护野生动物等。蒙古族选择了最适合当地生态环境的游牧生活方式，并在创造游牧文明的过程中起到了人与自然和谐的典范作用。

移牧

主要目的就是考虑畜群的种类与水草植被的关系。移动是游牧的生命，牧民依据牧草和水源的关系、牲畜的种类、牲畜群的大小等，决定移牧的频率和距离。其中草场是最基本的条件，只有丰美的草场，畜群才能肥壮。

轮牧轮休

作为移动游牧的一种方式，它的分工更细致，按季节倒场轮牧，充分利用草原地带各个草场的季节性差异来满足畜群的采食需求，具有合理、科学的一面。它成为游牧民族生产、生活方式的一种习惯法则，一直被人们所遵循、贯彻着。

严禁破坏草场

草场是蒙古族牧民最主要的生产资料之一。因此，蒙古人特别忌讳在草场上挖坑挖草根，破坏地表层，造成沙化。

保护水资源

对于游牧民族来说，水资源同草场一样重要，两者缺一不可，我们常常称"水草丰美的草场"。

禁止草原荒火

在禁止草原荒火方面，不仅蒙古族习惯法中有明确遵循的法则，而且在后来的成文法中制定得更加明确、详细。这不仅考虑到牲畜的安全和吃草问题，更重要的是保护草原，考虑到因失火烧毁草场进而破坏草原的植被层，导致草场的退

鹰在草原上受到严格的保护

化、沙化。有关禁止草原荒火的法规在古代蒙古族法典里有很多内容，规定得也很详细，认定失火、放火者为犯罪而须受到处罚。一旦失火应采取积极的挽救措施，救助者受到奖励，逃避者受到处罚。

代蒙古族掌握得十分熟练、合理，他们清楚地懂得野生动物在生态环境当中所起的平衡作用。主要有冬季围猎，放生雌性、幼崽，规定禁止猎杀的品种，保护珍稀动物。

保护野生动物

古代蒙古族懂得季节性围猎与保护野生动物之间密不可分的辩证关系，野生动物多了可以进行围猎，并且是有季节性的；野生动物少了就加以保护，禁止捕杀某些野生动物。在这一点上古

保护森林资源

蒙古族有关保护森林资源的法律内容相当丰富，从禁止砍伐、处罚砍伐者、奖赏发现者、派"得格"护林巡视到荒山野地植树，都有较详细的规定。

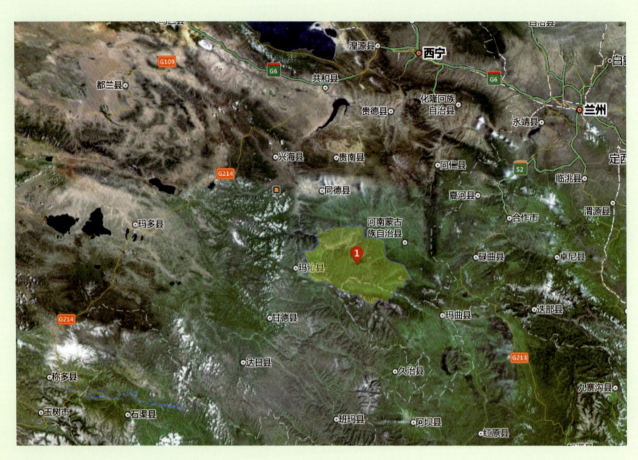

河南县在三江源保护区的位置示意图

草原生态保护建设

河南县生态系统类型为草原生态系统和森林生态系统。全县现有草场面积约933万亩，其中可利用草场面积900多万亩。林地面积65.175万亩，占全县土地总面积的6.21%。天然林资源主要分布于宁木特镇境内，森林覆盖率为4.5%，活立木总蓄积量为34.8万立方米，主要树种有青海云杉、

圆柏、桦木、沙柳等。全县天然林区高等植物有3000余种，其中经济植物278种，有药用价值植物133种，名贵中药材有党参、大黄、冬虫夏草、雪莲、贝母、姜活、秦艽、黄芪、柴胡等。野生动物有162种，有药用价值的有73种，其中：兽类有30余种，主要有马鹿、马麝、岩羊、雪豹等；鸟

河南县科学保护草原培训

类132种，主要有褐马鸡、雪鸡、草原雕等。

河南县位于黄河上游，所在区域的主导生态服务功能为水源涵养和生物多样性维护，河南县生态保护红线区暂命名为"河南蒙古族自治县水源涵养与生物多样性功能保护红线区"。

河南县生态保护红线区总面积5230.0平方千米，占全县面积的79.4%，占三江源区面积的1.3%。河南县生态保护红线区域主要位于赛尔龙乡、柯生乡、托叶玛乡、多松乡、宁木特乡，重点保护天然林和草地生态系统、湖泊湿地及野生动植物。

草原保护宣传（优干宁镇）

围栏禁牧

围栏禁牧是很有效的草原管理措施，可以促进植被恢复，对植物多样性、产量、覆盖度和植被高度影响都很大。

草原灭鼠

鼠害猖獗被认为是三江源地区生态恶化的原因之一，根据青海省农牧厅安排，三江源地区多个州县从2013年起实施草原有害生物防控项目，划定草场区域，撒药灭鼠。

瞎瞎（读音"haha"）是"草原第一大害"，两只瞎瞎就能祸害一亩地。捕杀瞎瞎的工具是弓

箭。弓是简单的弓，用山上的藤条或者竹子做成，弓柄被削尖便于插在地上；弦，过去用的是麻绳或牛筋，现在大多是自行车的内胎；箭，多用八号铁丝，把一头磨尖了，就成了箭。

拒绝"白色污染"，打造最美草原

河南县是位于三江源腹地的纯牧业县，如何实现保护生态与发展经济双赢？2004年，河南县率先在全县提出了"发展有机畜牧业"的工作思路，发展有机畜牧业离不开草原生态保护。从2005年开始政府倡导杜绝"白色污染"、打造有机基地。商店不卖，群众不用，所有的食品和蔬菜

超市内不提供塑料袋，渐渐塑料袋走出了牧民群众的生活。与此同时，干部、牧民自发组织了志愿者服务队，定期对草场生态环境开展巡查，发现问题及时解决，这些举措不仅为发展有机畜牧业奠定了坚实基础，更使牧民尝到了甜头，理解并践行了"保护好青山绿水，才会有金山银山"，使青山绿水的河南草原成为牧民脱贫致富的金滩银山。

现在在河南县的店铺、街道、超市等处，从上学的孩子到年迈的老人，一次性塑料袋在这片不足7000平方千米的土地上难觅踪影。12年"禁塑"，令河南县抵制"白色污染"的举措由最初的政府行为走向如今的民众自觉行为。

通过持续的努力，河南县成为"全区域无垃圾示范县"，打响打亮了"亚洲一流、青海最美"生态草原金名片。

河南县超市里环保袋代替了塑料袋

村民自发捡拾垃圾，保护环境

上等的羊皮袄

女子流行戴礼帽

华服与骏马是草原节日的看点

女式衣服增添了时尚元素

蒙古族服饰组图（李海清　摄）

宗教文化

　　河南蒙古族先民进入河南蒙旗地区前，即已皈依佛教，进入河南蒙旗地区后，与宗教信仰相同的当地藏族人民进行了政治、经济、文化等多方面的交流和融合，在河南蒙古族历代首领的大力倡导下，佛教寺院得到很大发展。全县蒙古族都信仰藏传佛教，境内有均属格普派的拉卡、曲格、香扎、达参四座寺院，共有经堂佛殿4座间，囊欠4座60间，僧舍94院480间，住寺僧侣257人，各寺院建筑风格独特，保存着古老藏传佛教的珍贵物品。

　　蒙古族人民的信仰十分虔诚，相信佛教的教义。信教群众日常宗教活动有奉佛、诵经、煨桑、点灯、磕长头、放布施、祭敖包、转经等。以奉佛为例，各家各户在帐篷、蒙古包或者住房内都供奉佛像，并于初八、十五、三十献净水、点酥油灯，顶礼膜拜，肃穆虔诚，祈求佛祖保佑……

晨曦中的转经者

长明灯

参观寺院的游客

祈祷者

僧人的辩经活动

民俗民风

由于河南蒙古族自治县周边处于藏区环绕中，在多年的融合发展中，形成了典型的蒙藏互融文化特点。全县蒙古族居民交流的主体语言基本以藏语为主，饮食、日常穿着等与藏族基本接近。

禄马风旗

蒙古族的禄马风旗和藏族的风马旗都是颇具特色的文化现象，双方在图案造型及文化内涵上既有联系又有区别。在古代，旗帜是聚集部落或族人的形象标志，也是一个部落或民族战斗力、民族精神的象征，旗子上印制或缝绣的动物造型就是该民族的图腾物，有崇拜的色彩。蒙古人的禄马风旗是因为崇拜马而产生的一个具有象征意义的造型形象，而这个具有象征意义的造型形象又反过来创造了新的、永久的崇拜。在现代，蒙古人也把它视为兴旺发达的象征。

蒙古人较原始的禄马风旗是用布做的，挂在毡包门口，青海的蒙古人也挂有马的旗帜，有的呈三角形，有的呈方形，这样的旗帜都只有马而没有其他兽类，后来的禄马风旗上出现四兽和经文等图案，显然是受到藏传佛教的影响。

各色禄马风旗（藏族多称"龙达"，汉族称"风马旗"）

抛洒禄马，祝福出行顺利

堆石挂"马"，祝福千里

草原上的敖包

◆ 敖包

敖包是蒙古语，意即"堆子"，意为木、石、土堆，是指草原上蒙古牧民用石头堆起高高的石堆。原来是在辽阔的草原上人们用石头堆成的道路和境界的标志，后来逐步演变成祭山神、路神和祈祷丰收、家人幸福平安的象征。

蒙古族牧民对敖包十分崇拜，凡是经过敖包的牧民，都要围着敖包转上几圈，再取来几块石头堆在敖包上，于是敖包越堆越高。事实上，敖包是茫茫草原上重要的标志，有了敖包的指引，即使是在风沙弥漫的天气里，人们也不会迷失方向。祭敖包在每年的7月13~15日，是青海蒙古族牧民一年一度的草原盛会。祭敖包期间，牧民们聚集在高高的敖包边，听活佛和喇嘛念经、参加由喇嘛带领祭祀山神的祭典。祭祀完毕，照例要举行赛马、摔跤、射箭、唱歌、跳舞比赛。蒙古人也过春节，其风俗习惯与汉族没有多大差别。

◆ 礼仪传统

蒙古人非常注重礼节，宾客来访，全家人出帐迎接；贵宾来临，更是慷慨地用"霍仁木"（全羊席）盛情招待，席间拿出自己酿制的传统饮料马奶酒为客人助兴。马奶酒清凉爽口，不仅是理想的解渴饮料，也是营养补品。他们对老人特别尊敬，每逢过节日或来宾客，要向老人献"哈达"祝福；在外面路遇长者，必先下马，站立道旁，躬身问好，然后才能上马启行；进帐房时，先让老人或长辈进门，坐上位。如过路人前来投宿，也敬以酒食，招待数日也尊重如初，从不下"逐客令"。

体育娱乐

蒙古族是个尚武的民族，当年成吉思汗就非常重视男青年的勇敢、机智、顽强精神，于是把骑马、射箭、摔跤并称为"男儿三艺"，作为军民素质训练的重要内容。在"那达慕"大会上，"男儿三艺"也就成为民族体育的主要项目了。

由于在历史上弓箭是蒙古人生活中不可缺少的武器，人们也就非常尊重那些优秀的射手，而射手也乐于当众表演或比拼自己的技艺，因而射箭便成了"那达慕"的重要比赛项目。

◆ 射箭

河南蒙古族射箭比赛分立射、骑射。比赛不分男女老少，但骑射射手多为男子。凡参加者都自备马匹和弓箭，弓箭的样式、弓的拉力以及箭的长度和重量均不限。比赛的规则是三轮九箭，即每人每轮只许射三支箭，以中靶箭数的多少定前三名。射箭的场面非常壮观，射手在颠簸的马背上拿弓、抽箭、搭箭、发箭，一马三箭要在规定的跑道上射完，如射不完是很不光彩的。

蒙古族男子喜好射箭

◆ 摔跤

河南县的摔跤形式为藏式自由式，是传统的两人角力的民族体育项目。参赛选手仅限男性，年龄、体重并无明确规定。分组只有少年、成年，不分轻、重量级。

◆ 举重

举重仅限男子参加，为民族传统体育项目。以举沙袋为常见，分50千克、80千克、150千克、200千克等多种。

◆ 拔河

拔河是新中国成立之后发展起来的深受群众喜爱的项目，不分男女老幼，都可分别组队，对等参加比赛。

藏式摔跤

举重（沙袋）

放牧途中的拔河游戏

集会上的拔河比赛

◆ 拉拔牛

拉拔牛是蒙古族传统体育项目，属两人角力项目（也可四人），类似于拔河，但用脖颈使力。

◆ 打抛

由牧区放牧人抛投掷石收拢离群牲畜的放牧技术演变而来，"那达慕"大会表演项目。

拉拔牛比赛

由放牧演变而来的体育项目——打抛

◆ 藏棋

河南县藏棋种类很多，有方盘藏棋、三角盘藏棋、十字盘藏棋和楼上楼藏棋等。各种棋盘又有大、中、小三式，最大者需要576颗棋子。

藏棋可就地取材

婚俗

蒙古族青年男女的婚姻基本上既遵循"媒妁之言，父母之命"的传统习俗，也追随自由相爱成亲的潮流。婚礼仪式既有高头大马、大酒坛子、蓝色哈达，抬着整羊抛洒风马；也有现代轿车迎送，烟花绽放。

蒙旗草原现代婚礼

青藏高原民族普遍喜食糌粑

手抓羊肉是蒙古族、藏族、回族餐桌的主角

藏式包子（藏语称坤，也叫策馍馍）

藏式灌肠内部以血、肉为料

饮食文化

　　饮食文化受藏族影响甚大，以前以奶茶、糌粑、肉食、酥油、曲拉、灌肠（血肠、肉肠）等作为主食。随着社会发展，交通运输条件改善，蔬菜、水果、大米饭、各类面食、粉汤等已成为牧民群众家中的主食。

◆ 食品

　　在河南牧区，奶类、肉类和糌粑构成了牧民的三大主要食品，并以此三类食物单独加工或混合加工做成各种各样的食品。20世纪80年代初，白面、大米、水果、蔬菜逐渐进入牧民家庭，但边远的乡村仍以上述三类食品为主，日常生活、逢年过节、婚嫁喜宴、接待贵客都离不开它，并且河南蒙古族人民在漫长的历史长河中创造出诸多别具特色的食物，如糌粑、包子、手抓羊肉、灌肠、大烩菜等，同时配以蕨麻米饭、酸奶等，形成了一整套具有民族特色的待客食品。

　　糌粑：是青藏高原民族高度适应游牧生活而特有的主食，"糌粑"为藏语，蒙古语称"乌尔勒"。在青南牧区，糌粑多数用青稞原料所做，也有用去皮豌豆炒熟后磨成的炒面，用青稞和豌豆混合也可磨成糌粑。目前，河南牧区主要食用青稞做的糌粑。为了保持清新的香味，一般牧民们只磨几天吃的糌粑，吃完再炒再磨。在过去，牧民每家基本上都有一个手推小石磨，非常方便。80年代以来，牧民多用电动粉碎机磨炒面。糌粑原料有酥油、炒面、曲拉、白糖。

坤（藏式肉包子）："坤"为藏语，也叫"策馍馍"，为藏汉混合语，是牧区的一绝。一般将牛羊肉剁碎后加食盐、花椒粉、葱片，再加少量水粉、清油搅匀成馅，用不发酵的死面包好蒸熟。皮薄馅大，汤满油多，美味可口，相当于汉族的灌汤包子或水晶包子。

手抓："手抓"是汉语名称，意为"用手抓食的带骨熟肉"，藏语称"哈"，蒙古语为"麻哈"，都是"肉"的意思。青南地区牧民食肉不兴熟炒，而是连肉带骨肢解后以清水煮之，放以食盐和花椒，待煮至开锅即捞而食之，这就是手抓羊肉。藏区宰畜不用刀，而是将牲畜用细绳勒闭而死，然后在胸部划一小口，将手伸进去割断血管，让血液暂积于胸腔，这样一则不使血液外流浪费，二则可保持肉的血蛋白，使肉质鲜嫩爽口。用没有污染的河南草原上生产的欧拉羊、乔科羊做的手抓，更是肉鲜味美，倾倒了不少客人。

灌肠：有肉肠和血肠两种。肉肠是用剁碎的心、肺、肾、肝等内脏加切碎的蒜苗和食盐、花椒粉灌入洗干净的大肠；血肠是用剁碎的肉放在血液中，加上食盐、花椒粉搅匀而灌入细肠内，均以清水煮熟食用。味道鲜美，营养丰富。

大烩菜：是用新鲜牛羊肉、粉条、萝卜、辣椒等，加调料做成，是藏餐中一道不可或缺的菜肴。

河南牧区牧民进餐没有严格的时间和顿数，也不一定全家人在一起同时吃饭。一般来说，全家人吃早餐、晚餐时间比较集中，至于中午饭，则是谁饿谁先吃，没有严格的时间限制。但整个白天，人们往往要吃一两顿才能到晚上。但牧区牧民群众饮食很有特点：首先，食用的奶类、肉类、糌粑和茶叶等都是营养价值较高的；其次，烹调方法简单，佐料仅用单一的盐；再次，食物食用方便，酥油茶、奶茶温在火炉上可随时喝，手抓肉、风干肉均是一次做很多，可吃好多天，并且随取随吃，十分方便；最后，牧区群众还喜食大葱大蒜及生肉。一般宰牛羊时，边剥皮边吃生肉。如今渐改此习，但仍有不少年轻人喜食生肉。

此外，还有哈巴里（油炸肉馅饼）、次托麻（油炸麻团）、牛赫（酥油搅团）、星木（点心）等小吃，多为待客或者节日食用。

◆ 饮料

河南牧区的主要饮料为奶茶、窝奶、酒，偶尔也喝酥油茶。

牧民饮茶，一般以茯茶（也称砖茶）、松潘茶为主。松潘茶味香，茯茶色浓，两茶同煎，色

酸奶是蒙古族特色饮料

蒙古族喜饮砖茶

味俱佳，再加以鲜奶，便是牧区盛行的奶茶。

近年来，随着牧区的改革开放和牧民生活水平的提高，牧区有外出工作的家庭，也逐渐开喝细茶之俗。牧民逛县城，多有喝细茶（碗子）

酸奶人参果

人参果饭

者。究其原因，多与食肉有关。

窝奶，也叫酸奶，藏语称为"肖"，蒙古语为"他日赫"，是将鲜牛奶煮沸后倒入木桶或盆内，待温而不烫时放一点旧酸奶作为引子，然后掩盖置于保温处发酵，过半天或一夜后取出。食时盛在碗里，加上白糖，酸甜适度，清凉可口。窝奶既是牧民家庭的日常食品，也是待客的佳肴，还可当饮料饮用。

牧民好饮酒，以青稞酒为主。20世纪80年代以来多喝瓶装酒，但喝酒不论优劣。有时出门接亲、送亲或走长途，常在马背上喝酒，若三五人同行，互相传递酒瓶而饮，豪放之性尽显。

◆ 河曲草原吉祥食品：人参果

人参果是河曲蒙藏地区特有的一道美味。人参果——高原居民谓之"吉祥食物"，意为"长生不老之果"。人参果是俗名，其植物为蕨麻，是多年生草本植物，生长在海拔3700米以上的高寒地区，是一种纯天然无污染的滋补食品，是蒙藏人过节必食的吉祥食品，是长寿和丰收的象征。

人参果炒玉米粒

人参果含有大量的淀粉、蛋白质、脂肪、无机盐和维生素，以及铁、镁、锌、钾、钙等多种微量元素，长期食用，补血、和胃、健脾、抗缺氧，有明显的滋补作用，确有类似人参延年益寿的功效。人参果的食用方法有很多种，比如人参果饭、酸奶人参果、人参果炒玉米粒等。

人参果饭，藏语称"蕨者"，被河南蒙古族同胞视为一种吉祥的食物，他们逢年过节首先就要进食这种食物。

人参果原果

◆ 灶具

牧区燃料，多为牛粪，而灶一般为三种。第一种称为"加吉"，是一种三只脚的铁架，三根直竖的铁条，下端稍向外散，以便支撑，腰上用三道铁条焊接固定。这种灶在20世纪70年代以前使用得较多，目前很少有人使用。第二种为铁皮炉，有圆形、方形等，带烟囱。当前牧民群众多用这种火炉，烧火容易，只需加进牛粪，就能熊熊燃烧，烟囱可直通土房房顶，既能烧火，又能取暖，比较适用。第三种为土灶，一般定居的家庭，或在夏窝子和没炉的冬窝子均砌有这种土灶。

帐篷取暖有的用铜、铁制作的火盆。

铜质火盆

蒙藏医药相辅相成

　　蒙藏医药是生活在河曲地区的蒙古族在长期的医疗实践中逐渐形成与发展起来的传统医学，也是一门具有鲜明民族特色和地域特点的医学科学，在诊治疾病时具有药量少、疗效好、经济简便等特点，是民族医药文化的瑰宝，也是传统医药和现代医药卫生资源的重要组成部分。

　　河南的大草原和森林中有着丰富多样的植物，其中有很多药用植物，河南蒙区牧民用这些药用植物来治疗疾病和骨折、外伤，积累了丰富的药物学知识。整个青海境内蒙古族受藏族医药的影响广泛而深刻，现代蒙藏药学是在蒙古民族传统医药学基础上，汲取了藏、汉等民族以及古印度医药学理论的精华而形成的具有民族风格的、独立的医药体系。

◆ 蒙藏药资源

　　河南县境内有药用价值植物133种，名贵中药材有党参、大黄、冬虫夏草、雪莲、贝母、姜活、秦艽、黄芪、柴胡等。野生动物有162种，药用的有73种。

◆ 蒙藏药产业

　　河南县是全省蒙藏药产业化示范县。青海省藏医名院河南县蒙藏医院，已研制出"七十味珍珠丸"等200多种常用蒙藏药，疗效较佳。

河南县蒙藏医院

◆ 蒙藏医特色疗法

蒙古民族的居住环境寒凉，加之长期的游牧和狩猎生活以及频繁的战争，与寒凉有关的疾病以及跌伤、骨折等疾病时有发生。于是，蒙古先民们逐渐探索出热敷法、灸疗法、正骨法、针刺法等抗病疗伤的方法，一直沿用至今。

蒙旗草原马文化

河曲神马（土默特·巴特尔　供图）

《骢马》

（唐）霍总

青骊八尺高，侠客倚雄豪。

踏雪生珠汗，障泥护锦袍。

路傍看骤影，鞍底卷旋毛。

岂独连钱贵，酬恩更代劳。

古时候，青海湖上无舟楫可渡。每年冬天湖面冰封时，当地牧民选择一批体高膘肥的良马进入海心山放牧。到第二年，良马交配，产下的马崽即为"龙驹"。汉平帝时，王莽秉政，在青海湖滨设西海郡，曾牧马于岛上，得龙种，日行千里，称作"青海骢"。古羌人以游牧为生，逐水草而居，他们在黄河九曲之地，培养出了一种良马，与"青海骢"杂交得河曲地带的良马。当年秦人从羌人那里得到了河曲地带的良马，运用于军事，并训练组织了强大的骑兵部队。没有用河曲地带的良马装备起来的秦国骑兵，就没有中国第一个统一的王朝。今天，我们从秦始皇的兵马俑中还可以看到秦人用河曲地带的良马装备的部队的风采：满身铠甲的武士坐在高大的马上，威风凛凛。

蒙古族与马有着不解之缘，牧区的蒙古人一生几乎都是在马背上度过的。古代蒙古人之所以勇敢善战，来去无踪，四处征战，很大程度上靠马的疾驰与他们娴熟的骑术。

今天的牧区草原上，马不仅是很便捷的交通工具，也是休闲生活状态和财富的象征。在蒙古人眼里，世界上所有财富中马是最高贵的：敬神祭奠用马，婚嫁送礼用马，"那达慕"就是剪马鬃、马尾，给马打打烙印后，为欢庆胜利而举行的，会上主要的活动项目就是赛马，人们谈论的话题是骑手和良马，整个场面人喧马嘶，人们喝着马奶酒，品评着马匹，交换着由马鬃、马尾编织而成的绳索和马皮箱等马所提供的日用产品。

马文化

马文化是蒙古族在长期生产、生活中逐渐形成、演化、发展而来的，是蒙古族文化中始终鲜活的重要组成部分。草原盛会，赛马更是必不可少的内容。

在灿烂的蒙古文学中，以马喻理的格言和谚语多如繁星。他们跳的舞蹈，有马刀舞、驯马手和小青马舞。说唱"好力宝"，表演着说不完的关于马的故事，民族乐器马头琴上也精工雕刻着马的形象。总之，马成为蒙古族同胞重要的生活来源、生产工具、娱乐手段，又给他们的文化艺术活动提供了丰富的素材和灵感。

蒙古族是"马背上的民族"，蒙古人从小在马背上长大，饲马、驯马、赛马，马已成为他们生活中最重要的伙伴，蒙古人都以自己有一匹善跑的快马而感到自豪。在漫长的历史长河中，马与草原人民有着源远流长的情感。

马跃金花（土默特·巴特尔 供图）

马文化（土默特·巴特尔 供图）

路灯造型体现了"马"元素

演奏马头琴

策马少年（土默特·巴特尔　供图）

马背上的恋人

"那达慕"赛马会入场式

河南县"那达慕"赛马会

　　河南蒙古族自治县作为全国三大名马——河曲马的主产地之一，赛马是牧民群众最为钟爱的活动。养马、骑马、赛马是蒙古族人民世代相传的习俗，除在全县的"那达慕"期间举办盛大赛马会外，每遇喜庆日子，蒙古族村寨都会自发组织赛马活动，参与人数众多，场面壮观，每年民间自发组织开展近百次赛马会，也有到省内玉树、果洛，甘肃甘南地区参加赛马的。

　　赛马是蒙古族的传统体育娱乐活动之一，赛马形式主要有速度赛马和耐力赛马。河南县赛马大会主要有1000米、2000米、3000米速度赛马和5000米、10000米耐力赛马等项目。

骑手与骏马

骑手射箭表演

宁木特乡赛马会

跑马比赛（土默特·巴特尔 供图）

骑手表演

蒙古族走马

马神崇拜

蒙古族对马的崇拜就是对自然物的崇拜,属自然崇拜的一种,这种崇拜形式是自然宗教的基本表现形态,它属于比较原始的宗教形式,因为崇拜者还没有产生明确的超自然体观念,也没有将自然体或自然力人格化从而形成对自然神的崇拜。在古代蒙古族原始宗教萨满教的信仰中,天神"腾格里"主宰着宇宙万物,赐予着一切,还创造了九十九个神,包括火神、山神、吉雅其神(动物保护神)、马神等。马是"腾格里"派到人间的神,肩负着人类与"苍天"之间沟通的使命,是通天之神,这也是蒙古族在其所有形式的大型祭祀活动中,马及马奶等都不可缺少的原因。蒙古人对马的崇拜和对天神的信仰是叠加在一起

的,马成为天神信仰的重要组成部分,马就是天神赐予人间的,而且马这种兼具神性与灵性的动物在蒙古族的英雄史诗和民间作品中得到了充分的体现。它可以转眼间就跨越万仞群山,还可以奔驰在苍茫的大海上,也可以与主人交谈对话,特别是在千钧一发的危难关头,常常大显神通,拯救主人脱险重生。马作为天神,在蒙古人的心目中具有崇高的地位,对马的崇拜,也是对天神的崇拜。

马术比赛

马术是中国众多民族喜爱的一项民族传统体育项目。在内蒙古、新疆、西藏、青海、甘肃、云南、贵州、四川等地区尤为盛行。1986年,在

草原上随意赛马

新疆举行的第三届全国少数民族传统体育运动会上，马术首次被列为比赛项目。民族运动会马术分为走马、速度赛马、跑马射击、跑马射箭、跑马拾哈达5个项目。

河南县的民族赛马活动只赛跑，不赛走，走马一般在送嫁、迎娶、煨桑、祭山、"那达慕"等喜庆节日盛大集会时举行。

赛马除比赛速度外，还有"拾红"、"技巧"等表演项目。

跑马拾哈达

中国赛马之乡

河曲马是一个古老的马种，历史上曾称为"吐谷浑马"。河曲马原产于青藏高原东部地区，先祖为青藏高原高寒山地草原马。河南蒙古族自治县所在地区，是青海省高草区，历来都是养马的最佳地区，养马业很发达。国家体育总局、中国马术协会称河南蒙古族自治县为"中国赛马之乡"。

5 现代牧业文化

在生态文明时代，有机生态化是畜牧产业发展的必由之路。现代畜牧业的技术路线就是有机生态化。坚持有机生态化的技术路线，畜牧业才能走上资源节约、环境友好的自主创新之路；坚持有机生态化的技术路线，畜牧业才能走向人与自然和谐、可持续发展的道路；坚持有机生态化的技术路线，才能从根本上解决畜产品的质量安全问题；坚持有机生态化的技术路线，采取健康的饲养、放牧方式，才能产出绿色有机畜牧食品。

苏呼欧拉羊家园

苏呼欧拉羊是青海省河南县特有的畜种，是经过野生盘羊和藏系绵羊不断杂交、繁育后形成的皮肉兼用型优质羊种。2005年9月在首届青海省高原特色农畜产品展示会上被评为优质畜种。欧拉羊体格高，体重大，肉脂性能好，对高寒草原的低气压、严寒、潮湿等自然条件和四季放牧、常年露营放牧管理方式适应性很强。四肢及颈、胸部多为黄褐色，纯白个体极少。欧拉羊突出的特点是体大、膘肥、肉多，成年公羊活重约75千克，母羊约58千克。具有生长发育快、产肉量高、肉质无膻味、商品率高、神经敏锐、行动敏捷、合群性强、耐粗饲、易饲养等特点，其皮有皮大、皮板厚、结实、柔韧性好、保暖性强等特点。苏呼欧拉羊为农产品地理标志产品。

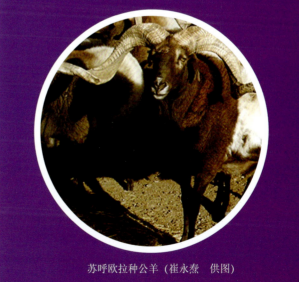

苏呼欧拉种公羊（崔永焘　供图）

高大强健的雪多牦牛

风雪中的雪多牦牛

雪多牦牛

  "雪多牦牛"属于野牦牛的一个类型，是黄南州的一个特色品种。河南县依托高原无污染的天然草地，在三江源自然保护区生态保护和建设后续产业发展研究与示范项目的支持下，在赛尔龙乡兰龙村建立了高原型雪多牦牛繁育基地，并通过有机畜牧业生产基地认证，每年可以培育优质种公牛200多头。兰龙村的雪多牦牛犊牛体格大、抗寒、生命力强、存活率高，生长周期比其他犊牛快。雪多牦牛产肉率高、肉质鲜美而富含营养，其乳质品、牛奶、酥油、曲拉等也品质优良，在本地及周边地区市场上销路好、竞争力强，可称得上是"抢手货"。

  牦牛全身都是宝。蒙藏民族人民衣、食、住、行、烧、耕都离不开它。人们喝牦牛奶，吃牦牛肉，烧牦牛粪。牦牛的毛可做衣服或帐篷，皮是制革的好材料。角可制工艺品，骨头是药材。绒毛是纺织工业的高级原料，将其漂白褪成驼色，可替代驼毛织成毛衫、围巾，在大衣呢中掺入牛绒，不仅降低成本，还能使产品挺括，提高质量。

现代生态畜牧园区建设稳步推进

河南县占地1800亩的有机畜牧业科技示范园基础设施已全面完成，逐步建立起发展有机畜牧业生产、加工、管理、信息、营销的运行体系，形成生态保护和畜牧业发展良性循环，经济、社会、生态三大效益协调统一的产业体系。园区示范性推进气象灾害防御体系建设，建成了点对点气象灾害防御示范站。同时在6个乡镇建成6个欧拉羊、2个雪多牦牛、1个河曲马9个县级有机畜牧业标准化规模养殖示范牧场。

属于"阿米雪"牦牛酸奶的时尚

产业化发展取得积极成果

通过推行"公司+合作社+牧户"的生态畜牧业产业化发展模式，进行有机畜产品精深加工，先后引进了青海省绿草源食品有限公司、青海雅克牧业有限公司等知名企业入驻。2012年青海省绿草源食品有限公司被认定为"第五批国家级农业产业化龙头企业"，生产的"阿米雪"有机牦牛酸奶获得第六届中国国际有机食品博览会金奖。2013年"阿米雪"商标荣获青海省著名商标称号，有机系列产品已推向北京、上海、广州、深圳等大都市，深受海内外客商和高端群体的青睐。

"阿米雪"广告牌

酸奶套餐系列

风味套餐	30元
（草莓、干果、蜂蜜、酸奶各1份）	
草莓巧克力套餐	30元
（草莓、巧克力、蜂蜜、酸奶各1份）	
干果套餐	30元
（干果任选二；蜂蜜、酸奶各1杯）	
腰果奥利奥	30元
情侣套餐	45元
（酸奶2份、干果、果酱、蜂蜜、酸奶冰淇淋各1份）	
酸奶水果沙拉	35元

阿米雪牦牛酸奶，来自妈妈虔诚的祝福！

"阿米雪"酸奶套餐

牦牛运输

牦牛文化

　　牦牛既是青藏高原的象征，又是青海蒙藏地区牧业的象征，同时也是传统生活方式的象征。牦牛浑身是宝，每一宝都又无私地赐予了人类！它的馈赠惠及高原人们的衣食住行。

　　衣。牛毛捻成的绳子富有弹力，结实耐用，做成的帐篷御寒力很强。牦牛尾巴制成的"毛掸"拂尘力强，特别是白色的尾巴更为珍贵，是传统的出口物品之一。毛尾脱脂后，染成红色，便是美丽适用的毛掸帚。柔韧光滑的毛与细羊毛合用，洗纺后可织高级呢料和氆氇。牧民们手工捻成毛线，织成美观的毛毯、披风，缝制过冬的帐房和存放粮食的口袋，防寒隔潮，坚牢耐用。雨雪天出牧，披一件牦牛毛织的风衣，滴水不浸，暖和舒适。

　　皮子经过加工，红紫交辉，琳琅满目，除做高靴，还能制作高级皮鞋，不仅光泽度好，而且富有弹性，抗压力和耐腐蚀性足与任何皮革媲美，颇

高档牦牛皮

受城市顾客欢迎。

牧民们用最古老的方式手工制作牦牛绒围巾，可以把"世界屋脊"上无人问津的牦牛绒变成顶级奢侈品。

食。奶是牦牛的第一贡献。母牦牛可日产奶1.5~2千克。奶汁浓稠，极富营养。牧民每天都要喝奶，把奶熬开饮用或制作成酸奶吃，还要从奶里提炼出酥油和曲拉。牦牛奶含脂量高，100斤奶可提炼10斤左右黄澄澄的贵重酥油。牧民日常的热量来源除吃肉外，顿顿都要以酥油茶当汤、奶渣当菜，喝茶便靠酥油了。不仅喝茶离不开酥油，还要用酥油点灯照明、炸油果子和调糌粑吃，酥油还是敬奉神灵的供品、馈赠亲友的礼物。牦牛肉含蛋白质高，鲜嫩美味，冬天食用尤为滋补。

住。草原上一顶顶黑色的帐篷质地坚硬，冬

欧洲市场上的牦牛绒制品广告

暖夏凉，支卸、运输方便，它是牧民用牦牛毛织成的。河曲地区的燃料极缺，牛粪饼是乡村牧区的主要燃料，其状若硕大的烧饼，贴在院墙或草坝上晒干后燃烧。隐燃保火，赛过煤块。

行。牦牛是牧民驮货运物、乘骑的主要工具。牧民一年四季搬迁几次草场，靠它驮送全部家产。任道路如何陡峭，活路如何繁重，它总是昂举坚蹄，稳步自如，默默地留下一行行深深的脚印，让高原的生命线畅达无阻。

牦牛不光是物质世界的，也是精神世界的。自高原先民开始驯化野牛试图成为家牦牛时起，人与野牛的关系就开始了，牦牛文化也从此诞生了。随着人们生产生活的不断发展，与牦牛有关的形形色色的文化娱乐活动和宗教活动也随之而兴起。譬如赛牦牛，它是一项蒙藏族传统的体育娱乐活动，有着悠久的历史。

赛牦牛一般由一个部落或地区发起，邀请邻近部落参加，也有闻讯后从百里之外赶来参加者，受到邀请的部落立即准备，选派优良的牦牛和骑手，由长者召集人员研究对策，比赛选拔，驯养调教赛牛，以求在比赛中夺魁。

赛前，骑手将牦牛精心地洗刷打扮，并在长而弯曲的牛角上系各色彩绸，表示吉祥如意、夺魁在望。骑手头戴礼帽，身着蒙袍或藏袍，腰扎红带，足蹬皮靴，干净利落。他们多是青壮年，体轻灵巧，善于驭牛。

比赛分预赛、决赛。仲裁集合骑手点名，进行分组预赛，并从每组中选出优胜者参加决赛。决赛是大型比赛中的高潮，从预赛中选拔出的参加决赛的骑手和牛都不能更换，否则无效或取消比赛资格。选手们个个跃跃欲试。仲裁令发，霎时，众骑手蜂拥而出，驱牛疾驰。头头牦牛争先，个个骑手逞能，呼声阵阵，高潮迭起，有的牦牛在观众的呼声中失控，狂奔乱颠，但在骑手高超的驾驭下，乖乖就范。

决赛中获胜的选手，被热情的观众举起上抛，牦牛也披红戴花，备受青睐。优胜者奖以牛或马，以及茶、布匹等。参赛的选手都可获得纪念品，没有一个空手而归。

畅销西方市场的高级牦牛绒围巾

6 生态文化旅游

县城远眺（土默特·巴特尔　供图）

城乡面貌日新月异

草原美丽新城

　　河南蒙古族自治县县政府驻地优干宁镇是一座美丽的草原新城，2001年建镇。位于县境北部，人口近万，户籍人口以蒙古族为主，流动人口以回民为多，也有来自四川、甘肃等地人员，主要从事工商业、餐饮服务业。

　　优干宁镇是河南县旅游中心，这里交通方便，住宿、购物等接待条件良好。除与县内各景点距离较近外，还可方便到达甘肃甘南各景区。优干宁镇是草原城市，辖智后茂、荷日恒、直龙、秀甲、阿木合、纳其、参美、吉仁、多特9个牧委会。

天蓝地绿 · 草原新城

县城夜景（土默特·巴特尔 供图）

宽阔、整洁的街道

新农村牧区建设

河南县根据自己的县情特点，结合草原建设、高原有机畜牧业基地、"高原美丽乡村"建设、精准扶贫等项目与工程建设新农村牧区，取得了巨大的成就。2016年11月28日，河南蒙古族自治县精准脱贫县级验收顺利收官，成为青海省首批、青南地区首个通过县级验收的脱贫县，也是青海省2016年完成脱贫"摘帽"的唯一一个纯牧业县。牧民居住环境、产业项目、社会事业、精神文明、基础设施、生活条件等方面都有了翻天覆地的变化。

庆祝仪式

草原上的新式帐篷

宁木特乡生态移民社区

宽敞明亮的牧民定居点

托叶玛乡小学太阳能取暖的学生宿舍

书法创作

宁木特镇精准脱贫大会

西北民族大学学生开展服务牧区牧民活动

手工缝制皮袄

干净整洁的酥油店（厨房）

产业扶贫项目（纺线工坊）

草原建设（草料基地）

暖棚羊舍

生态旅游

河南县有天然草场近千万亩，是青海著名的天然优质草场之一。正值炎热难当的盛夏季节，这里却是野花飘香、百鸟争鸣，气候凉爽宜人（平均气温为10℃），适合避暑度假。河南县是纯牧业县，无任何工业污染，自然环境洁净健康。只要到这里，就能领略到天蓝、水清、空气新鲜的草原风光。

古老的蒙羊种欧拉羊、被誉为"雪域之舟"的牦牛、闻名遐迩的河曲马，成为这片草原上一道亮丽的风景。

家庭草原踏青游

成群的岩羊（青海洮河源国家湿地公园　供图）

洮河源科考（徒步）

洮河源是一个融碧水、草甸、高山、冰川、森林、草原为一体，集雄、奇、幽、秀、旷诸美于一身的高山草甸湿地。山不是高不可攀，水也不是深不可渡，特别是既有不同于人口稠密区的神秘、清静，又有便捷的交通可达，发展科考旅游条件优越。

野生动物观赏

河南县全境有大量野生动物活动，统计有162种，兽类主要有岩羊、盘羊、马鹿、马麝、梅花鹿、熊、狐、狼、猞猁、雪豹等；鸟类有100多种，主要以马鸡、雪鸡、石鸡、草原雕、雉鹑、高原山鹑为主。

吉岗山距县城48千米，位于圣湖南面不远处。在群众自发保护下，濒临绝种的石羊、白唇鹿、麝香等野生动物又在这里繁衍生息起来，群体日渐壮大，具有很好的观赏价值。

国家一级保护动物——雪豹（青海洮河源国家湿地公园　供图）

国家一级保护动物——金雕

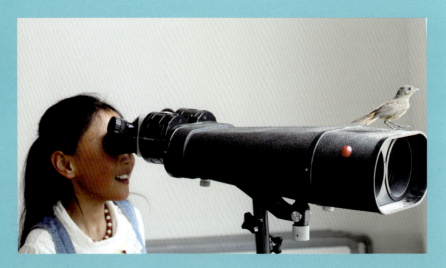

观鸟旅游（青海洮河源国家湿地公园 供图）

国家一级保护动物——黑颈鹤

牦牛群与水禽（青海洮河源国家湿地公园 供图）

107

国家一级保护动物——黑鹳

洮河源国家湿地公园观鸟

洮河源国家湿地公园有野生动物191种，鸟类有125种、迁徙候鸟有黑颈鹤、红颈鹤等。国家一级保护野生动物11种，其中金雕、黑颈鹤等易见；国家二级保护野生动物有大天鹅、鸢、雀鹰等19种；省级重点保护野生动物有普通鸬鹚、灰雁等25种。

洮河源国家湿地公园最珍贵的候鸟为国家一级保护动物黑颈鹤和黑鹳。黑颈鹤，又名藏鹤，为鹤科大型涉水禽，是世界上唯一生长、繁殖在高原的鹤。

黑鹳是一种体态优美，体色鲜明，活动敏捷，性情机警的大型涉水禽。具有较高的观赏和展览价值，为国家一级重点保护动物。

吉岗山远眺（土默特·巴特尔 供图）

自然山水观光

◆ 千佛魂山——吉岗山

我在吉岗山上走，
做伴的只有马和枪，
为的是要采雪莲，
才不怕山高路长。

——河南县拉伊（山歌）

吉岗山位于西倾山中段北侧，山顶海拔4408米。吉岗，蒙古语"石膏"的意思，因为此山是石灰岩喀斯特地貌发育，故名。吉岗山呈圆锥形，四周与其他山体以浅谷相连，成为独立的山体，山顶四周为风化裸露的石灰岩石林，中心是平坦的草滩。吉岗山是自然生态名山，又是雪域圣地之一，自古就有"千佛魂山"的称谓，意思是说"吉岗山如同千尊佛陀居住的佛国圣域"。

著名学者康·拉卡则旺说吉岗山"外为吉冈千佛山，内为欲世主母寨，密为胜乐轮尊界"。意思是说吉岗山具有内、外、密三种功德善果，是佛界、凡间的大善之山。

在吉岗山的四周，到处可以看到形似宫廷、庙宇的天然石雕，包括一世夏日仓活佛在内的几十位大德高僧修行的修法岩洞、禅室等胜迹至今犹存。每逢猴年，来自甘、青、川、藏的无以计数的信教群众都要到吉岗山转山朝拜。

吉岗山山顶及山体四周野生植物品种繁多，生长着400余种珍贵植物，其中不少为名贵的蒙藏药用植物。在山林灌木中，还栖息着几十种野生动物，堪称"野生动植物王国"。野生动植物与整个山岭环境形成共生共荣的自然、和谐的生态世界。

吉岗山石林

河南草原上舒缓的黄河

前　言

　　当我们用眼睛感知世界万象、或感慨、或激昂、或开怀、或痛哭，而或在简单的物象中看不到什么！“看”只是一个行为表象，其真实的意义在于从“看见”走向“看懂”和“看好”。格物致知，托物寄情，在文化的视域中明了和浸润，艺术才是打开“看”的钥匙密码。

　　艺之链，引发孩子们触摸材料、感受生活、创生艺术、滋润心灵、承传文化。艺之链，连接艺和童，让高雅的格调走近童心的浪漫，在黑白互融、珠璧交辉间读懂艺术的表白，刀痕之间，继了一份纯真；乡材之中，承了一份天地；牛仔之语，唤了一份心情；沙画之言，醒了一份情愫；泥土之兴，创了一份思维；纸浆之趣，新了一份境界。

　　艺之链，七个主题，映射着别样的域境与心境，融洽着每一个团队的心和梦，成就着每一群烂漫儿童的艺术天空。

　　艺之链，七个主题，流淌着别样的气息和声息，融合着每一位老师的承与创，隼聚着每一种传统文化的精神力量。

　　艺之链，恋此艺！

朱敬东于 2018 年 3 月

目　录

第一课　布印江南

欣赏江南水乡建筑的独特魅力，运用土布的色彩创作江南景致。

"小桥流水人家"是江南水乡鲜明的特色。粉墙黛瓦的江南传统民居是江南水乡一件亮丽的外衣，在四季分明的江南水乡里低吟，浅唱，营造了具有水墨灵韵的美妙世界。李悠同学利用土布特有的色彩，不同的纹样、不同的深浅关系，巧妙地组合江南民居，再配上淡雅的水墨，别致，有意境。土布淳朴的色彩衬托了江南烟雨朦胧的春天景象。

江南·春

想一想

1. 去过江南吗？
2. 带给你怎样的印象？
3. 江南民居又有怎样的特点？

《水乡周庄》局部　吴冠中

①剪出民居的外形结构。

②摆一摆。

③拼贴。

④添加窗户与装饰。

结构图

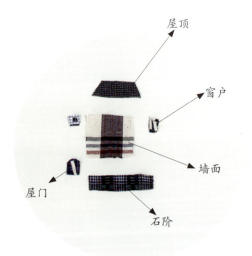

屋顶

窗户

墙面

屋门

石阶

老屋

屋外

学习建议：

　　应用土布的色彩纹理的不同特点，拼贴成灵巧的江南民居。

方法

将拼贴的江南民居进行合理组合，利用国画颜料进行添画，让画面展现江南水乡韵味。

组合　　　　　　　　　　　　添画

学生作品

江南·冬

江南·秋

童言童语

我最喜欢江南的春天，到处是一片生机勃勃的景象。

——李悠

评价建议：

1. 谈谈江南留给你的印象是什么？

2. 利用不同颜色、纹理的土布，根据民居的结构特点，创作出不同的江南景致。

第二课　老房故事

运用传统土布结合水性颜料进行老房故事的表现。

老房故事

想一想

你家乡的老房子带给我们怎样的感受？又有怎样生动的故事？

老屋旧影

说一说

这样的老房子，它的主人可能经历了怎样的故事？

云浦草堂

　　房内斑驳的墙面，留下的是岁月深深浅浅的印记，仿佛在诉说着老屋主人的故事。花瓶寓意着平安如意，而土布拼贴的花瓶造型朴素却不失童趣，与屋内水墨般的痕迹对比协调，趣味浓。徐子睿同学的《老房故事》巧妙地运用土布淳朴的色调，与水墨的淡雅，构成老房的新意境，各物象间的块面布局重点突出，既平稳又不失现代气息。

①将土布对折。

②剪出花瓶轮廓。

③展开。

④修剪枝、叶。

⑤拼贴枝、叶。

⑥将瓶花从牛皮纸上剪下来。

瓶花组合

枝

瓶

叶

局部

瓶花组合

学习建议：

　　利用剪贴的方法制作一组瓶花。注意土布色彩的变化。

剪出桌面的形状。　　　　　剪好桌脚，摆一摆位置。　　　　　拼贴固定。

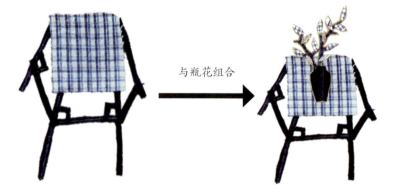

与瓶花组合

瓶花与矮桌

印象老屋

学生作业

屏风前的茶几

红茶几

童言童语

　　一个花瓶，一张古色古香的大桌子，一扇花格木窗，竟然能构画出那么生动的老房故事。

　　　　　　　　　　　——顾梦星

第三课　净几明窗

窗前阿婆

窗是空间的链接，也是精神与物质世界的链接通道。木窗设计的纹样都有其独特的意蕴，也是百姓意愿的符号表达。格物致知，每一扇窗户都在传递自己的别致语言。

许薇小朋友创作的《闲情逸致》表达了窗边的独特情趣，用卡纸通过剪刻的方式，对称而又有趣，用宣纸揉皱，淡墨轻抹，表现墙体的斑驳，窗户的黑色轻擦，隐隐地述说着那段历史，与窗口奶奶的形象相呼应，表达了不一样的故事情调。

想一想

这样的窗户带给你怎样的感受？
你能说说窗户纹样的设计密码吗？

7

①绘制窗户。

②修剪窗户外形。

③刻画窗户细节。

④完成。

我眼中的窗户

学习建议：

　　尝试用剪、刻的方法制作一扇古老的窗户。

方法

①给窗户擦色。

②添加小景。

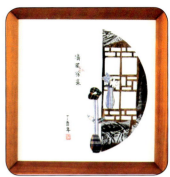

③配上文字。

学生作品

窗景

窗外

窗前

童言童语

哇！这些古老的窗户上留下了这么多斑驳的痕迹啊！特有历史的沧桑感！

——沈美娜

评价建议：

1. 利用窗户的造型设计窗边的小景致。

2. 学会应用宣纸等材料渲染背景增添斑驳感，使窗户的故事更具古朴的意味。

第四课　铃声悠远

运用纸杯等材料创作风铃，传递与环境的和谐关系。

夏日午后，阳光亲昵着校园的每一个角落，微风轻拂，清脆的铃声飘扬到每个孩子的心田。马淑慧同学利用麻绳和土布装饰，以一个纸杯为原型，通过分解、切割等手法创造性设计风铃，土布的湛蓝与麻绳的褐黄形成强烈对比，既有历史的痕迹，又有现代的设计，将风铃重复排列，形成节奏感，挂在树枝上装饰了校园，充盈了心灵，清脆的铃声响彻校园。

说一说

　　风铃为什么能发出悦耳的声音？还在哪些地方看到过风铃？

① 将一次性塑料杯进行适当剪裁，注意对称。

② 剪裁土布对塑料杯进行装饰，注意块面对比。

③ 用麻绳缠绕、编织等方法对风铃进行装饰。

④ 利用土布和卡纸制作风铃的"铃铛"部分。

小·提示：

给塑料杯底部钻孔时可要小心哦！

雪人风铃

铜钱草风铃

叶子风铃

学习建议：

利用土布和麻绳制作一盏灵动的风铃。

　　　将设计的单个风铃利用麻绳进行串联，合成一组风铃。

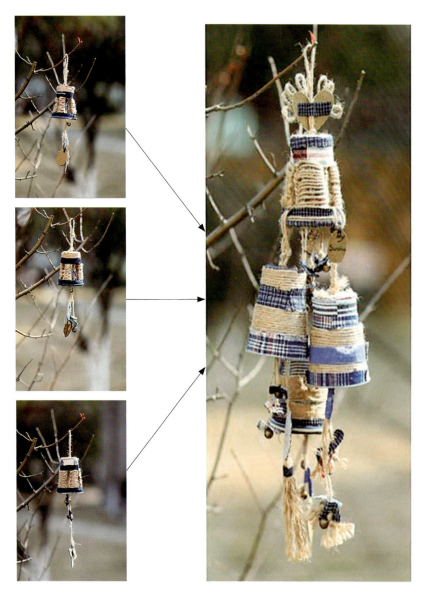

风铃组合

评价建议：

　　1.利用塑料杯结合土布麻绳等材料制作一组灵动的风铃。

　　2.能将风铃装饰在合适的环境里。

童言童语

　　清脆的风铃声响彻校园，赶走了夏日午后的瞌睡虫。

——王浩杰

第五课 童颜新象

运用麻袋和土布的不同质感创作儿童快乐的形象。

少数民族女孩

天真是儿童的代名词，自由、活泼是儿童的形象语言，每一个灿烂笑脸都是最纯真的流露，每一次哭泣都是最本真的情绪。喜怒哀乐，都写在儿童的脸上。贝依依小朋友的《少数民族女孩》，真实地表达了孩子眼中的同伴，坐在高高的树枝上，得意洋洋地眺望着远方，其神情恰似在等待远方朋友的到来，土布的色彩和谐而又稳重，条纹的穿插形成了节奏，如跳动的音符，展现快乐的心情。

想一想

同学们的笑脸，是这世间最纯真无邪的。你现在能给大家一个大大的笑脸吗？

步骤

①将布袋铺平。

②拼贴人物的五官。

③将麻布袋撑开。

④用抽绳把"脸"抽紧。

瞧！一张夸张、可爱的脸蛋正朝你微笑呢！

学习建议：

　　用剪贴的方式创作一个孩子的俏皮形象。

我

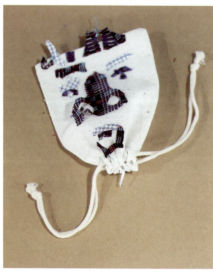

风一样的我

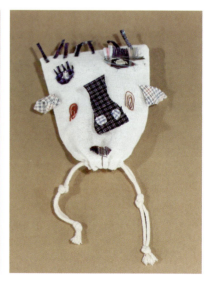

讲台上的我

还可以给我们的笑脸配上可爱的衣服呢!

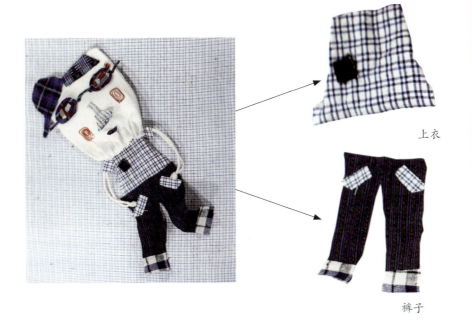

上衣

裤子

小·提示:

利用不同颜色的土布给衣服添上口袋、花边等装饰呢!

评价建议:

1. 能用口袋的造型,通过拼贴创作成有趣的孩子形象。

2. 能根据口袋娃娃的表情创作新的俏皮形象。

3. 利用自然空间,创作成有故事的小伙伴!

学生作品

酷酷的他

手拉手

有趣的她

童言童语

土布的土,在我们的作品里就看不到土了,感觉是那样的高级。太棒了! ——杨琼

第六课　乌篷舟行

远行

　　如果说江南是一场梦，那么乌篷船就是那梦里无法抹去的一点灵动 。时而穿梭于水乡之间，时而疾行于山水之间。金林同学的《远行》将一片竹叶编织的小舟置于"山石"之间，仿佛正逆流而上，奋勇前进着。利用自然山石之态，把一叶小舟创意地置身于山石之边，犹如悬崖峭壁，意境油然而生，恰如宋画中所营造的空灵意境。

说一说

　　1.你坐过乌篷船吗？乌篷船的造型有什么特点？
　　2、画家作品中一叶小舟是如何表达的？

山水画局部　（宋）马远

传统乌篷船

①剪去竹叶两头尖尖的部分。

②将竹叶撕成条状。

③将竹叶互相交叉编织。

④用双面胶固定并修剪。

一叶扁舟

泛舟

小·提示：

　　在编织时应注意选择 一些较为新鲜的竹叶哦！

学习建议：

　　利用竹叶编织一条乌篷船。

①绘制山水小品

②将竹叶小舟融入"山水"中。

画中游

学生作业

局部

芦苇丛中

童言童语

　　小舟虽小，却"五脏俱全"！还能传递对自然的造化之美。

　　　　　　　　——李笑语

山高水远

学习建议：

　　1. 利用竹叶编织一条乌篷船，并把它融入山水之间。

　　2. 利用自然山石，将船掩藏其中，形成独特的山水意境。

第七课　编织人生

了解编织文化，用蒲草编织生动形象表现富有趣味的生活场景。

大家一起合张照

草编是民间沿袭的一项手工传统工艺，主要用传统的谷草、麦秆、棕丝等编织。李琦雯同学的蒲草编织作品选用多种乡土材料，如稻草、麻绳和玉米衣，用粗犷的稻草、玉米衣制作，通过手势的变化，展现了彼此之间深厚的友谊，用土布辅以丰富生动的五官和夸张的表情，使艺术形象变得生动有趣。

想一想

生活中的草编制品可以有什么用途？你还见过怎样的草编作品？

①平铺，并用土布装饰。

②用剪刀修剪重构外形。

③弯转造型，定型。

④装饰粘贴，完成。

学习建议：

　　1.用草编物品改变创意成新的形象。

　　2.通过五官的夸张装饰，让形象充满生活气息。

想一想

　　在制作的过程中，除了用剪一剪的方法，还可以用什么方法来造型呢？

学生作业

组合

大家知道《猫和老鼠》的故事吗？它们之间发生了什么有趣的事情？

评价建议：

1. 尝试用组合的方式，使作品变得富有生活情趣。

2. 尝试与周围的场景相融合，表现更丰富的故事。

真是想不到，平时动画片里看到的形象，竟然也能用蒲草来编织，简直太神奇了。我还要创作更多的动画形象。

——雷雅薇

第八课 馋猫惊鼠

猫和老鼠历来是童话故事题材的经典角色，在大江南北，家猫处处可见，更是孩子们儿时的好伙伴，张怡宁小朋友用不同色彩、图案的土布拼接组合，为我们展现了威猛的猫咪和机灵的老鼠形象，猫和老鼠斗智斗勇的画面，让我们心生童性，享受童趣。

想一想

1. 你家养猫了吗？说说猫和老鼠的有趣故事。

2. 猫咪的五官有什么特点？身体有哪几个部分组成的？老鼠的身体又是有哪几个部分组成的？

①分别剪出头部、眼睛、嘴巴和胡子，
将它们组合拼贴在一起。

②对折，剪出身体形象。

③剪出尾巴。

④拼摆完成。

小·提示：

　　我们也可以用身体扭一
扭、尾巴卷一卷等方法，让
小猫咪变得更加生动有趣。

学习建议：

　　用土布通过剪贴的方式
创作一只生动威武的猫咪！

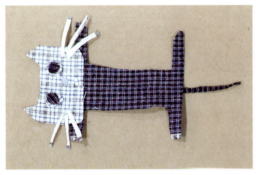

学生作品

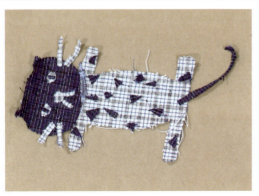

①分别剪出老鼠的耳朵和头。

②剪出老鼠的身体和尾巴。

③剪出老鼠的腿。

④组合装饰，粘贴上胡子。

⑤粘贴上眼睛，完成。

小·提示：

也可以将老鼠的头部和身体作为一个整体来创作。

学生作业

评价建议：

1. 用土布表现一只有趣的老鼠！

2. 用猫和老鼠的形象组合成有趣的故事情节。

童言童语

猫和老鼠这对欢喜冤家，真是可爱又可恨。

——陈好

24

第九课　端午情怀

了解端午文化，尝试用土布来创作香囊宝宝。

端午节佩戴香囊是华夏民族的古老习俗。每年农历五月初五这天，大人小孩都佩戴各色香囊，香囊是香荷包的简称。姜楠小朋友创作的香囊宝宝生动可爱，具有很强的时代性，这是用土布创作而成，在土布香囊的基础上，添加有趣的五官，巧妙地运用麻绳添加四肢，呈现出生动的香囊宝宝形象。蕴含着吉祥和灵气，饱含着保护子孙平安成长的情感。在端午节佩戴这样的香囊宝宝，定能够受到人们喜爱和欢迎。

小·知识：

中国端午节有很多的习俗，其中赛龙舟、吃粽子、挂艾草都是很有意思的活动。端午节有祭屈原的说法，其起源可追溯至战国时代。

2009年9月，联合国教科文组织正式审议并批准中国端午节列入世界非物质文化遗产，成为中国首个入选世界非物质文化遗产的节日。

想一想

你家乡的端午节有什么习俗？来和大家一起分享一下吧！

方法 1

①将土布剪成三角形。　②放上香料。　③用缝针沿三条边缝起来。　④调整。

方法 2

①将土布剪成正方形。　②放上香料。　③用缝针沿三条边缝起来。　④调整。

学生作品

小·提示：
　　你还可以在香囊上刺绣出自己喜欢的图案。

想一想

　　你们知道香囊里面都塞了什么香料吗？它给你留下了怎样的印象？

学习建议：
　　用剪一剪、缝一缝的方法创意表现一个土布香囊。

①制作香囊。

②分别剪出五官。

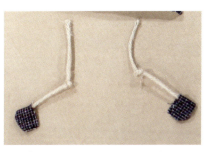

③用土布和麻绳做出腿和脚。

④粘贴，完成。

小·提示：

可以把香囊宝宝悬挂在自然环境中，让它变得更有趣。

评价作品

评价建议：

1. 用剪贴法创作一个有趣的香囊宝宝。

2. 把香囊宝宝赠送给你的亲朋好友，挂在身上、车上、房间里等。

童言童语

香囊宝宝的制作可真有趣，看似简单的香囊，添加上五官和四肢，一下子变得好生动有趣，我真想亲亲它。 ——周轶晨

第十课　凤凰涅槃

　　在中国古代，凤是用来比喻帝王的，后来演变成龙代表帝王而凤代表帝后。但无论是前者还是后者凤凰均象征皇室。王婕小朋友创作的凤凰生动有趣，灵活地运用麻绳做出凤凰的造型，长长的尾巴，配以竹叶为装饰，活灵活现。简约而又形象，立于枝头，默默相呵，这是生灵的最美的情感。

说一说

　　1. 在民间艺术中以凤凰为题材的作品丰富多彩，为何喜欢用凤凰来作为创作的形象呢？

　　2. 凤凰有什么特点？这些凤凰形象分别用什么材料制作的？

步骤

①将麻绳对折。

②在三分之一处打个结。

③用三股辫编出身体。

④做出头部造型。

⑤用编织的方式做出腿。

⑥多层次麻绳，做出大大的尾巴

⑦用竹叶插上翅膀

学习建议：

　　用麻绳和竹叶创作一只生动有趣的凤凰。

学生作品

小·提示：

　　在制作过程中，灵活运用编织、缠绕等的方法，在把握基本造型的基础上，做出形象生动的凤凰造型。

想一想

将不同的凤凰形象组合起来，表达凤凰间的恩爱故事。

评价建议：

1. 尝试用组合的方式，表现一组富有故事性的凤凰恩爱画面。

2. 寻找民间艺术中的凤凰，说说其造型特点和寓意。

童言童语

说实话真的有点意外，我的作品竟然这么棒，尤其是通过组合之后呈现的画面，在逆光下的形象真是太精彩了，我也要为自己鼓掌了。

——陈慧珍

第十一课　回望乡趣

用玉米衣等材料创作一组富有故事性的农忙场景

回望乡趣

乡土材料到处可见，淳朴的色彩，丰富的肌理，带给我们独特的视觉感受，材料所展现的艺术魅力，吸引了众多的艺术家投入到材料的创生。同样，这源源不断的乡土材料给我们的孩子新的艺术表现。孙雨薇小朋友的《回望乡趣》展现了乡土材料质朴的语言，走进乡村生活。表现收获时节的情趣，画面富有故事性，用麻线表现飘逸的长发，用玉米衣创意成身体，朴素的衣着，快乐地在田野中收获果实，收获喜悦。一份耕耘一份收获，有付出必然会有回报。

想一想

在田野中还能找到哪些乡土材料运用到我们的创作中？

31

①用麻绳扎紧玉米衣一端。

②将玉米衣翻过来，用麻绳扎紧。

③用麻绳以三股编的方式编织。

④用麻绳做出飘逸的长发。

⑤用玉米衣和土布分别做出裙摆和服装。

⑥调整、完成。

学习建议：

　　用玉米衣、麻绳和土布等乡土材料创作一个劳作时的人物形象。

学生作品

童言童语

从家里收集玉米衣拿到学校，把它晒干，竟然能变成一件高雅的艺术作品，一个个小仙女们，让我一次次沉醉其中，难以自拔，我喜欢这样的乡土材料。

——顾毅飞

想　想

将不同的人物形象组合在一起，让画面有故事、有情趣。

评价建议：

1. 用玉米衣等乡土材料创作劳动的人物。

2. 尝试用组合拼摆，表现一幅富有乡村故事性的作品。

第十二课　天书地象

　　中国书法艺术讲究线条和墨色的变化，陈奕轩小朋友的《天书地象》作品，富有节奏感，墨色变化丰富，有浓有淡，线条变化灵动，有直有曲，有粗有细，通过不同形式的拼摆呈现了丰富的画面感，并辅以麻绳丰富画面。传承中国传统文化的精髓，并通过自己的理解和感受表达对传统文化的认知。

想一想

　　你还可以如何组合画面？请你也来画张设计图。

①裁切。

②黏贴。

③固定。

④拼贴，组合。

⑤调整，完成。

学习建议：

　　尝试用拼摆的方式创作一幅富有线条、墨色变化的艺术作品

学生作品

①黏贴线条。

②穿洞。

③引线。

④调整，完成。

学生作品

评价建议：

1.尝试用组合的方式，表现一幅具有墨色、线条、块面变化的作品。

2.能运用麻绳与墨线的色采、质地的不同创作有情趣的作品。

童言童语

这次我竟然在一堆废纸中找到了宝贝，挑选自己喜欢的图案，按照自己的喜好组合、拼摆，神了，作品竟然很精彩。

——陆雨星

第十三课　艺花艺草

用干花拼摆组合和叠加的方式创作一件富有意境的作品

艺花艺草

中国画讲究意境和留白，许丽雯小朋友的艺花艺草作品，灵动，有意境，田野中的干花通过拼摆组合和叠加，画面生动有趣，疏密有序，配以适当的留白，给人以很大的遐想空间。以淡墨皴擦，既有形式语言，又有意境的表达。在一堵墙边，几枝干花露出墙头，虽是低头，但内含着生命的力量，无声但有力。

想一想

猜猜哪一束是干花？你是从哪里看出来的？干花有什么独特的感觉？

用干花拼摆组合，配上干树枝进行简单的造型

学习建议：

　　巧妙运用干花进行组合，创作一幅有生命意象的作品。

学生作品

步骤图

学生作品

评价建议：

1. 尝试用组合和叠加的方式，表现一组富有诗意的作品。

2. 用皴擦等水墨表现技法，渲染作品，表达干花所呈现的能量和生命。

童言童语

家里有枯萎的干花，一般都直接丢垃圾桶了，可是，这次我简直是发现了新大陆，竟然能用这么信手拈来的材料创作出这么伟大的作品，除了骄傲还是骄傲。

——卫雅雯

第十四课　阿公记忆

欣赏阿公的不同神态，用土布剪贴拼摆等方法创作阿公的生动故事。

　　在童年的记忆里，阿公一定是满满地留在你的故事里，严肃而又和蔼，严厉而又慈祥，阿公扮演着众多的角色，但最有力量的角色就是阿公永远是温暖家庭的那座靠山，也是家庭的依靠树。阿公的工作和生活都在家庭人员的视线下。小作者通过塑造村口大树边的阿公故事，生动展现农活之余，在田间休息畅聊的场景，动作造型别致，色彩搭配显现农民本色，利用小树桩形象巧妙地布局，展现阿公辛勤耕作的本色。

说一说

平时见到的阿公给你怎样的印象？

讨论角

说说阿公平时都会做些什么事呢？

①手绘出阿公形象。

②剪出阿公形象的轮廓。

③剪出阿公服饰。

④用土布贴阿公服饰。

学习建议：

  创作阿公的不同形象，用土布进行装饰，并能摆出阿公的不同造型！

小·提示：

  阿公创作后可以添加一些阿公平时使用的物件如：锄头、烟斗、椅子等作为装饰。

学生作品

①摆出单个阿公造型。

②添加阿公的生活场景。

童言童语

　　用土布创作出不同造型的阿公形象，拼摆出有情境的场景。第一次觉得好好玩，感觉阿公们就像我们平时见到的一样生动形象。

——王芊芊

评价建议：

　　1. 学会用土布创作阿公形象。

　　2. 尝试与大自然的景致相结合，拼摆出不同场景中阿公活动情景。

第十五课　阿婆述说

了解银簪文化，学习用铝箔纸、土布等表现阿婆的生活形象。

小·知识：

　　银簪的样式多种多样，常见品种有双顶簪、如意簪等。就形制而言，单股笄称"簪"，双股笄为"钗"，样式工艺丰富多彩。

　　银簪是古代人们用于绾发和装饰的一种最为常用的头饰。簪的本名称"笄"。银簪最初的作用是"男以定冠，女以绾发"，男女都可以使用。明清时期，女性发饰达到了传统精湛工艺与优秀传统文化的完美结合，成为历史上民间簪钗中最精美的发饰。小朋友们用锡纸创作的银簪别有情趣，花卉、小鸟等型的银簪形成阿婆发饰的独特风景，银簪的色彩与阿婆的蓝色土布形成对比，在朴素中散发出典雅，是阿婆这代人的审美追求。

说一说

你还知道哪些不同造型的银簪？

①

②

③

④

小·提示：

　　银簪制作时，可用剪、卷、揉、捏、撕等方法创作。

学生作品

活动建议：

　　用铝锡纸为阿婆设计一款有意义的银簪吧！

步骤图

①手绘出阿婆造型的轮廓。

②剪出阿婆的形象。

③给阿婆剪出合适的服饰。

④粘贴好土布服饰。

小·提示：

制作阿婆形象时，先手绘出阿婆的形象，再用土布添加服饰的方法创作不同阿婆的造型，最后发饰上添加银簪。

评价建议：

1. 学会用锡纸创作一枚银簪。

2. 尝试与土布相结合，制作出阿婆形象，并将用锡纸做的银簪添加在阿婆头饰中。

3. 观察身边的阿婆，说说她们的生活状态。

童言童语

第一次尝试用锡纸制作银簪，锡纸的光泽、质感和银簪非常相似，而且可塑性极强，能很快就掌握制作银簪的方法，并且又将银簪装饰在用土布创作的阿婆头饰中，很喜欢。

——张可馨

学生作品

第十六课　包容饰界

欣赏不同眼睛，学习用剪贴的方法来表现眼睛和内心世界。

眼睛是心灵的窗户，每个人都拥有一双感知不同世界的眼睛。每个人的眼睛都藏着无数个秘密，你能读懂吗？用麻绳、土布、宣纸等不同材料创作的无数双眼睛，时而穿梭于海洋，时而穿梭于天空，时而又穿梭在森林。就让眼睛带着我们去感知不同的世界，感知不同的未来、不同的过去和现在的世界。

讨论角

不同的眼神中你能读懂这些人的内心世界吗？

想一想

你从眼睛中看到了什么？

46

①用麻绳卷。

②用麻绳绕。

③用土布粘贴。

学生作品

学习建议：

　　用土布、麻绳等创作不同形式、不同内涵的眼睛造型！

小·提示：

　　用麻绳、土布等材料通过剪贴、缝制等方法创作不同造型的眼睛。

①用水粉颜料随意刷出底色。

②用宣纸揉皱表面擦色表现肌理。

③用剪、卷、绕等不同方法粘贴出眼睛造型。

小·提示：

　　创作时先底板上用宣纸水粉等材料做好肌理效果，再用麻绳和土布创作出各种不同的眼睛。

学生作品

评价建议：

　　1. 学会用身边的材料组合创作会说话的眼睛。

　　2. 用不同造型的眼睛组合成有意义的作品。

童言童语

　　用这么多身边的材料创作出不同造型的眼睛，又把各种眼睛融合在一起，感觉走进了一个眼睛的童话世界，读到了好多秘密哦！

——朱宇豪

第十七课　村墅闲情

乡村，总是美丽的。古老的草屋，层层叠嶂的村落，是美妙的交响乐。乡村人的果园、菜地，乡村人的朝起暮归，都有种浓郁的乡村风情。漫步在无边无际的田野，深呼一口气，悠然的芬芳扑鼻而来。用土布布条创作的梯田，层层叠叠，仿佛自己像只小鸟置身其中，自由自在地飞翔其间，享受着泥土的芳香。蓝色的基调，优雅而恬静，蓝色的深浅组合在一起，既有层次，又有节奏，美丽乡村的意象呈现眼前。

说一说

乡村田野的房子有什么特点？乡村房子与周围环境形成的景象带给我们什么感受？

49

用土布剪出大小不一的方形，拼贴组合起来就是层层叠叠的乡村建筑。

小·提示：
　　运用剪、贴等方法创作乡村房子，注意块面的节奏变化啊！

学生作品

学习建议：
　　用剪、拼、贴等方法创作一幅乡村房子的作品。

小·提示：

　　用不同大小的土布布条粘贴出梯田的效果，再添加上土布做的房子。

学生作品

童言童语

　　用土布布条层层叠叠表现出了梯田的感觉，加上这些小房子，有种身临其境的感觉，呼吸着新鲜空气，真让人心旷神怡。乡村具有独特的魅力！

　　　　　　　　　　　　——张仪

评价建议：

　　1. 能用剪贴的形式表现一幅乡村主题的作品。

　　2. 通过添加房子、树木等景，表达乡村的独特美丽景致。

　　3. 走进乡村发现不一样的风光，感受乡村的变化。

第十八课　莲蕊香尘

欣赏残荷的肌理和色彩，运用泼墨、剪贴等方法创作残荷的生命姿态。

残荷，没有张扬的生命，只有默默地等待，翠绿的颜色已经斑驳，留给我们的是枯黄败叶。但莲蓬里包含了众多莲子，古人寓意为"多子多孙，子孙满堂"。小画家用水墨的方式画上净瓶、以及放置在桌面的莲蓬，淡淡的墨色，悠悠散发出清香，配上各具形态的莲蓬。错落有致，其昂扬的姿态默默地传递残荷内在能量，表达了小画家对残荷的独特观察和理解，喜爱之情油然而生。

讨论角

说说残荷的特点？画家为何喜欢表达残荷？

说一说

残荷给你留下了怎样的印象？

方法一　泼墨法

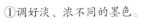

①调好淡、浓不同的墨色。

②在宣纸上泼淡墨。

③局部泼浓墨。

④泼焦墨。

方法二　剪、揉、折等方法

摆好莲蓬的位子，然后剪出荷叶造型，再进行组合创作。

学生作品

小·提示：

运用剪、揉、折等方法创作荷叶。

活动建议：

用泼墨、剪贴等方法创作一幅残荷的作品。

小·提示：

可以在莲蓬背景中用水墨的形式添画鸟、茶壶、花瓶等景，展现别样的韵味，注意留白。

学生作品

童言童语

　　对风干的莲蓬再创作，我尝试了很多不同形式的创作方法，让我明白了一些看似无用的东西，通过创意联想，可以成为创作的元素。

　　　　　　　　　　　　——朱文杰

评价建议：

　　1. 能用泼墨和剪贴的形式表现一幅莲蓬主题的作品。

　　2. 通过添加鸟、花瓶、茶壶等景，表达莲的意境。

第十九课　清风捕影

用稻草、土布等材料创作富有情境的稻草人作品。

雪天的守护

　　稻草人是农民草根性的艺术创作，用于插在田头驱赶鸟儿偷食，形象夸张、材料朴素，稻草加上一根竹竿就成稻草人了，挂上布条或者蒲扇，就是最高级的农民艺术了。小朋友创作的这一组稻草人，沿用传统的技艺，但加入了儿童的创意，充分利用稻草和土布制作的稻草人，带上草帽，站在雪地里眺望着远方，仿佛期盼着远行的亲人。形象质朴可爱，已经远远超越了农民的艺术，成为具有时代感的乡土艺术。

想一想

　　你见过稻草人吗？它们都是用什么材料制作的？

①编织草帽。

②给草帽增添装饰。

③刻画细节。

学生作品

可爱的脸

红头巾

眺望

尖顶帽

麻花辫

学习建议：

　　用蒲草制作一个充满趣味的草帽。

①用稻草绑出稻草人外形，并给它"穿"件衣服。

②给稻草人戴上草帽。

学生作品

郊游

背影

相守

评价建议：

　　1. 制作一个有趣的稻草人，用土布和麻绳等给它穿上漂亮的衣裳。

　　2. 能用稻草人组合成有情境的画面，表达亲情和友爱。

童言童语

　　雪地上来了一群稻草人，虽不适时节，但另有一番情境，稻草人成了我们手下的艺术，可真有趣！

——周琪

第二十课　倦鸟归巢

嗷嗷待哺

倦鸟归巢

乡野间，夕阳落幕之时，鸟儿们在树梢上时而逗留，时而互相梳理，时而返回巢穴之中哺育幼鸟。潘肖同学的这幅作品表现了幼鸟嗷嗷待哺，鸟妈妈捕食归来的景象。用稻草筑起的鸟巢布条勾勒的树枝，最有意境的是小鸟与妈妈之间的对望，表现了浓浓的亲情。

自然界中的鸟窝

说一说

你在自然界中见过鸟窝吗？它们都是用什么做的？

步骤

①剪裁土布枝条

②在土布枝条上粘贴固体胶

③将土布枝条用手指按压在卡纸上。

④贴上树叶

学生作品

春发

随风飘

学习建议:

　　使用剪贴的方法给小鸟的家挑选"地址",注意枝条和树叶的疏密。

枝叶

①利用彩铅在卡纸上绘出鸟窝外形。　②在鸟窝外形上粘上固体胶。　③将稻草剪成均匀的小段。　④利用剪碎的稻草杆子给鸟窝增添"温暖"。

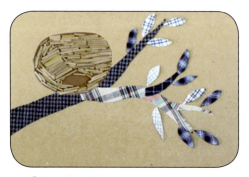

⑤将小鸟的家安到枝叶的合适位置。

小·提示：
　　剪碎的草杆可以拼贴出多种不同造型的鸟窝。

评价建议：
　　1. 用布条 拼贴成有疏密关系的树枝。
　　2. 利用稻草的不同制作方法给鸟儿创作一个温暖的家。

童言童语

　　给小鸟制作的家还真有意思，短短的稻草杆可以随意拼出有个性的家，贴上小鸟图片，又有新的生命。
　　　　　　　　　　　　——徐峰

学生作品

盼

归